I0532724

☆

Francisca Argüelles

25 Encuentros con el Tiempo

Publicado por
D'Har Services
P.O. Box 290
Yelm, Wa 98597
www.dharservices.com
info@dharservices.com
webmaster@dharservices.com
dharservices@gmail.com

Carátula© Xiomara García
Arte y fotografía© Francisca Argüelles
Corrección : Francisca Argüelles

ISBN-13:978-0-9853923-9-0

Segunda Edición «Edición Revisada y aumentada»

Gracias a mi esposo que toleró mi ausencia, mientras me recreaba con los recuerdos de los amigos de siempre… en el tiempo.

Índice

Prólogo

Francisca Argüelles, Directora del Club de Literatura, en esta oportunidad nos presenta su obra "25 ENCUENTROS CON EL TIEMPO" su primera producción literaria.

Este libro contiene una narrativa simple, amena y diáfana colectando girones de su alma enlazados de tal manera que dan sabia realidad o ficción a su relato como espontanea narradora, donde parece haber encontrado el camino correcto en un género tan difícil como es la descripción, de un evento, en donde se mezcla lo imaginativo, lo filosófico, y lo anecdótico, administrado en pequeñas dosis para no cansar al lector.

Sin rebuscar en manidas frases y enredarse en metáforas, imágenes, símiles y paráfrasis de contenido muchas veces ambiguos y de difícil interpretación, su obra es una sencilla recopilación de vivencias propias o ajenas donde en ocasiones se desborda su creativa imaginación de excelente escritora.

En "25 ENCUENTROS CON EL TIEMPO", sentirá, lector, la sutil sensación de agrado que provoca su lectura, dotado de una estupenda narrativa y una impresionante forma descriptiva de los hechos. Con el poder de síntesis que requiere cada relato, donde se describe, magistralmente cada suceso acaecido, en tiempo y forma, tal como fue concebido por la autora con finales clásicos o totalmente inesperados, donde a veces nos hace reír, otras llorar y reflexionar en sus mensajes, logra su objetivo final de entretener desde las primeras páginas.

Hay en sus descripciones arrebujadas donde algunas veces endurece el tono, lo flexibiliza en otros y los modifica en su contenido filológico con todo un mensaje de perpetuidad en el ejercicio pleno de la escritura.

Francisca Arguelles es, sin lugar a dudas una magnifica cuentista, ferviente apasionada y estudiosa de los recursos didácticos que son tan necesarios para confeccionar, como un orfebre, cuyo espíritu observador de los pequeños detalles, sabe usar el vocablo exacto en el momento oportuno, con una sin par economía de palabras y entonces, con esos elementos, confeccionar una verdadera obra literaria.

Es mi propósito, querido lector que usted encuentre en este libro, la verdadera diversión de leer, no lo quiero privar del misterio que impulsa a descubrir en cada relato, detrás de cada asombro esta impresionante selva de literatura.

Adelante, lector amigo, suyo es el bosque y el camino.

Orestes A. Pérez
PERIODISTA, ESCRITOR Y POETA

Epístola Infinita

"Hay un momento para todo y un tiempo para cada cosa bajo el sol".

ECLECIASTÉS 3.1

La hora del reencuentro ha llegado, ya pasó el momento sanador, forzoso, para lograr la purificación de las almas y, éstas sabrán si aceptan estar unidas o seguir dispersas hasta que llegue la separación definitiva, aquí, donde lo justo es increíble y lo necio parece bondad.

Entonces, al final del camino trazado, como mapa invisible, la elevación del espíritu será absoluta, hasta lograr en el espacio sin tiempo, la unión con los que nos dejaron primero, porque su estadía en este plano maravilloso, ha cumplido su función: de eliminar o adquirir, penas y glorias.

Puede ser, mañana mismo en este mundo travieso donde habita el triste, al compás de la rutina mojada de palabras.

Hoy, siento el vacío de mi pensamiento, con pocos deseos de todo, lucho, para no caer en la depresión de tantos que no necesitan agua para ahogarse en el desencanto.
Por eso, con un nudo en la garganta, sin deseos de soñar llego al espacio, buscando el cielo eterno y no encuentro mi anhelo, ni al cielo, ni a Dios.

Más, una lluvia de estrellas guía el camino y como saetas señalan mi corazón. Ahí está Dios. Yo era y soy el cielo donde habita tanto amor. Él está en todas partes, con frecuencia en cada ser que sufre y espera que el agua del mar traiga en una botella buenas noticias avivando sus deseos.

Él recoge mis lágrimas, no me daba cuenta. Pone miel en mi boca y no sentía su sabor. Ahora, aprieto fuerte el pecho para que no salga Dios.
Dimensional encuentro. Despierto, mi alma aletargada se sale, para unirse con ellos en el infinito preñado de vivencias que sombrean el camino, sin quitarle luz al sol para el próximo amanecer.

Meditando

"El amor disipa el miedo...y el amor sana la aflicción".
Brian Weiss

La arena resplandecía, el sol en el horizonte la mantenía viva, olas de turno la visitaban dejando ver las rocas empinadas que adornan el comienzo de una mañana fresca, invitando al reposo del cuerpo y la mente.

Me senté en mi piedra preferida, la que me permite lo haga en su parte más alta para observar el astro rey. Despacio, me despojé de la ropa que cubría mi cuerpo cansado, por un trabajo que ni dormir me dejaba. Tomé aire, alimentando los pulmones, mis ojos cobraron vida con la majestuosidad del paisaje y el alma se hinchó de ganas de amar, si él me dejara... y, pensé en su cuerpo.

Pasaron gaviotas que saludaban, conocían como yo la necesidad de pasear sobre las aguas. Ellas saben mis ansias, de volar pero no puedo y sienten el embrujo que nos rodea, como cada día con el primer rayo que apunta.

Caminando lento, sobre la arena que separa mi rocoso asiento, de las primeras espumas que deja el agua de la resaca, fui adentrándome en el claro líquido.

Me tocaron pequeños peces que jugaban a perseguirse entre mis piernas y las algas. Y me dejaron en la faena ya conocida; cierro mis ojos y me adentro en las profundidades.

Avanzo con el armonioso vaivén de las olas y cuando mis pies casi no tocaban el movedizo fondo, di solo un paso para cubrirme.

Se hizo un espacio infinito de sentimientos, no sentía el pecho, sólo la tranquilidad necesaria que deseaba con la oscuridad que brinda el fondo, donde no llegan las miradas. ¡Qué paz! Brotó de mis adentros, amor y ternura, tan fuerte como la energía que me rodeaba. Y él no está.

Tuve a Dios. Sin miedo comencé el ascenso como un surtidor sabe que lo espera el alba. Me iluminó la dorada caricia, sentí una alegría indescriptible, también las gaviotas complacidas por mi regreso y las olas que saludan con sus pequeños golpes a la orilla, donde mi fiel peñasco espera. Ya instalada en mi atalaya, cubrí mi cuerpo con áureas vestiduras, dejando mi alma desnuda.

Iluminada por poderosos destellos que me transportaron al espacio, fui depositada por fuertes alas en el habitad de la luz. Paz, conocimiento y perdón llegaron a mi.

Descendí con ilusiones, continuar el día con fuerzas y el calor ardiente que dejó en mi rostro ese viaje. Ya no tengo miedo, limpié el corazón en lo profundo del océano.

Tomé el camino de regreso a casa. La vi desde lejos, necesitaba llegar al jardín y ver la rosa que ayer abrió, como mi vida hoy. Miré la flor, me gusta deleitarme con su olor y tocar su terciopelo antes que marchite.

Así es mi amor. Hoy lo veré, le entregaré la pureza que traigo.

Si él se deja amar.

El Espejo

"El alma del hombre es como el agua. Viene del cielo..."
Goethe

El chofer del ómnibus interprovincial anunció la próxima parada, ella sintió un vuelco en el corazón. Pensar en él y en su pueblo era el remanso deseado por los días de arduo trabajo y soledad vividos durante diez años. Había llegado la hora de verlos.

En el parque, aquella esquina que tantos recuerdos le traía, el bullicio de los transeúntes la mantenía atenta al ir y venir de niños y adultos, buscando un rostro conocido que no encontraba ni tampoco un auto de alquiler que la llevara a su casa, pasaban de largo. Alma decidió disfrutar el entorno que le mostraba cosas nuevas, reconocer lugares, la mayoría recién pintados, otros restaurados. Siguió el viejo camino que antes recorría con él, su amor, ahora deseaba amarlo. A lo lejos, entre brumas vio su casa, como jardín encantado, quedó ensimismada y a unos pasos de la verja...

Corrió a su encuentro, él estaba esperándola y tomando su mano entraron al ancho portal, donde la pintura era fresca y resplandeciente.

La voz de él sonó hueca al decirle con el mismo amor de siempre:

-Te he extrañado mucho.

-Y yo a ti Leo; me has esperado.

-Si, mi Alma. Sabía que algún día vendrías. Contestó sin mover los labios.

La condujo al salón donde tantas horas pasaron en tertulias con los amigos, envolviéndolos un aire cálido, con aroma de jazmín.

Ella buscó el espejo, regalo de su padre. Allí estaba, se acercó alegre y disfrutó al verlo en el mismo lugar que fue colocado el día de su cumpleaños.

-¡Qué bello y majestuoso es! Manifestó Alma exaltada.

-Pero... ha perdido el azogue, no me veo y tú tampoco te reflejas en él. Ya no sirve mi espejo.

Más despacio que el tiempo, con la calma de lo esperado, él buscó su suave mano y la colocó sobre el marco. Ella no sintió el contacto y miró a Leo inquisitiva.

Alma, nosotros sólo podemos verlo, sigue intacto su cuerpo, yo perdí el mío hace diez años, por eso te fuiste. Tú acabas de formar parte de mi nuevo lar, te acostumbrarás a esta Paz.

El vacío creado por tiempo y espacio era mudo, surgiendo el camino hacia la luz.

La Trampa

"Es preciso saber cuando se acaba una etapa de la vida".
Pablo Coelho

Un día trece fue su nacimiento, lo inscribieron el doce, así lo quiso su madre deseando que la mala suerte, según ella, se alejara de la familia. Soñaba despierta que este hijo sería famoso. Sucedió lo ansiado, su único varón se había convertido en un pintor que vendía los cuadros antes de terminarlos. Aparecía en periódicos, revistas, lo invitaban a cuanta fiesta importante se diera en la ciudad que lo vio nacer.

Ray, manejaba contento pensando en la aceptación que sus cuadros habían tenido en el centro cultural y el fruto de la venta estaba destinado a la escuela de pintura, para niños pobres. Una llamada telefónica de su hermana desde el hospital donde estaba internada su madre lo turbó y cambiando el rumbo que llevaba, giró, proyectándose contra un auto que venía en dirección contraria.

Despertó en la sala de emergencia de una clínica, cercana al lugar del accidente, sufrió daños menores, no así la persona del otro auto que falleció. Su generosidad lo llevó a buscar la familia de aquel hombre, ayudarlos monetariamente para él apaciguar su dolor, pero ellos no aceptaron. Se sentía mal ante esta situación, él no tuvo la culpa de lo sucedido, estaba atormentado, tanto que sus pinturas reflejaban el estado de ánimo en que se encontraba y por primera vez aparecieron sus cuadros oscuros.

Pasado unos días, desempolvaba el sótano de la vieja casa de su niñez, refugio que escogió después del accidente. El picaporte dio una vuelta, él se quedó mirando la puerta, no se abría y acercándose preguntó:

-¿Isa eres tú?

Por respuesta recibió un frío que lo estremeció. Llamó a su hermana nuevamente, comprobando que ésta no se encontraba en la casa, era la única que tenía llave, además de él. Estaba seguro que detrás de aquella puerta había alguien, o… ¿Hubo alguien?

Escuchó un aullido lastimero, era el perro que al mirarlo, con el rabo entre las patas se perdió por el sendero que daba al rio. No podía creerlo, el perro le temía a algo, pero ¿A qué?

Dejó la casa, decidió caminar y no tardó en llegar al pueblo. Para calmar su desatino, pidió una cerveza en la conocida cafetería, donde era habitual asistiera. No lo atendieron, ni lo dejaron ocupar la mesa acostumbrada. Los entendía, creían que por su culpa alguien había perdido la vida. Todos reían, lo ignoraban. De pronto, dejaron el local cuando escucharon que desde afuera gritaban:

-¡Ya vienen, vamos!

Ray, también salió. Vio como se acercaba una hilera de autos que seguían un carro fúnebre. Marcharon detrás del cortejo, él también lo siguió. Quiso saber de quién era el entierro, pero no querían hablar. Sólo una señora gemía diciendo:

-Pobre familia, no se esperaban esto.

Llegaron al cementerio, comenzaron a bajar las coronas, muy caras debían ser. Elegantes personas, enlutadas, dejaban los carros para acompañar el féretro y, las palabras de despedida flotaban en el aire, mientras, el llanto de los familiares no le permitía escuchar.

Comenzaron a tomar una flor, también él, esta vez lo permitieron y se acercó a una corona cuya cinta llevaba una dedicatoria que le aclaró por quien lloraban.

Fue reconociendo, a cada uno que depositaba la flor sobre la madera.

Entonces Ray, se elevó al lugar que le pertenecía, dejando caer la flor donde descansaba su cuerpo.

El Hombre de la Camisa Roja

"Te espera el mármol que no leerás. En él ya están escritos, la fecha, la ciudad, y el epitafio".

Jorge Luis Borges

Dormían los niños su siesta, en hamacas colgantes de frondosos árboles del patio, vigilados por León, el fiel guardián de la casa más bella del lugar.

En la sala los hombres discutían, cuál de los peones llevaría las naranjas al mercado del pueblo para ser vendidas. El encargado en cuestión se había marchado sin despedirse, después que se le pagara su trabajo anterior.
Fueron interrumpidos por los ladridos continuos de León, seguidos de un aullido que erizaba al más valiente.
Todos salieron a ver qué pasaba, encontrándose con la madre de los niños quien los atendía, al despertarse éstos gritando.

El perro mantenía un constante ulular, su rabo entre las patas, mirando hacia el sendero que conducía a la montaña.

-¡León, tranquilo!

Dijo el abuelo, acercándose a su nuera que acurrucaba al menor de sus hijos. El mayor saltó de la hamaca, señaló a León diciendo:

-Él también lo vio.

-¿A quién? Intervino el padre, con su sombrero y machete en mano.

El niño, explicó de la mejor forma posible, para sus siete años de edad que volvió a ver al hombre de la camisa roja.

Filiberto acercándose, tomó al sobrino de la mano, lo condujo a la casa para tranquilizarlo y que pudiera hablar. Seguidos por los demás.

-Dime. ¿Cómo era ese hombre?

-Tío, te lo dije hace días; No le vi la cara, usaba una camisa muy roja.

Mientras unos a otros se miraban, venía por el atajo entre fincas, un vecino, José con su perro sato, reflejando ambos miedo, uno con los ojos tan abiertos que parecía iban a saltar, el otro chillando se metió debajo de un taburete. José tomó agua, casi no lo escucharon balbucear:

-Lo vimos otra vez.

Comprendieron, el joven tío emprendió a caminar acompañado de su hermano y abuelo con machete en mano, hacia donde indicaba León con la vista fija y las orejas paradas.

La noticia de la aparición del intruso corrió rápido. Se presentaron las autoridades, para tener algo qué hacer, donde nunca pasaba nada.

Regresaban los tres hombres con las caras desencajadas y se dirigieron a ellos:

-Vengan con nosotros:

Dijo el abuelo a los recién llegados, después de poner su dedo en la boca, en señal de silencio mirando a sus nietos de soslayo.

Partieron todos de inmediato, loma arriba.

Ya tarde apareció un carro del hospital, donde fue depositado algo pesado que los guardias traían en camilla, bien tapado.

A los pocos días se dio a conocer el hallazgo de un cuerpo, en la parte este de la montaña, cubierto con rocas, encontrado gracias al olfato de León.

El finado resultó ser el encargado de la venta de las naranjas. Había sido ultimado con un arma blanca.

El caso estaba en investigación.

Tenía su rostro desfigurado y la camisa tinta en sangre.

Recuerdos

"El perfume es la forma más intensa del recuerdo".

Jean Paul Sartre

Sonia, llegó sola al cine, algo inusual en ella. Le habían recomendado tanto la película que decidió verla.

Mecánicamente se dirigió a las primeras butacas, escogió una en medio de la quinta fila y al sentarse pasaron fugaces recuerdos de años juveniles.

Asiento cómodo que se rodaba hacia delante. En la pantalla anuncios. Aún tenía tiempo para los recuerdos y sonrió al verlos pasar, decidió disfrutar de ellos:

"Llevaba a su prima Viky al cine del barrio, con butacas incómodas, se acomodaban en los dos primeros asientos de la hilera, casi siempre en la primera fila, donde podían tener a su alcance lo más preciado para su querida prima.

Se dibujó en la mente de Sonia aquel brillo metálico que colocaban muy cerca de ellas y del letrero lumínico en rojo "salida de emergencia".

Como si de verdad lo tuviera delante, se transportó al día en que su Viky lloraba mirando su figura en el espejo y repetía con dolor:

-¡Qué mal me queda esta trusa! ¡No, soy yo la que está mal!

Volvía Sonia a escuchar estas palabras con dolor, una vez más y con la paciencia que el amor le había enseñado, decía:

-Viky, vamos a la playa con tu padre, verás el mar, sentirás el sol, nos sentaremos en la arena, me cubrirás con ella, reirás a más no poder y tío estará feliz. También hablaremos hasta por los codos, de los azules que se unen en el horizonte y disfrutarás las chucherías de los vendedores ambulantes.

-¿Cierto Viky? ¡No te quedes callada, deja el espejo y mírame!

Ante el imperativo de Sonia, la joven reaccionó.

-Si, la playa es mi paseo favorito. Sentarme en la orilla para que las olas lleguen a mi. Pero no me gusta la curiosidad de los niños cuando me ven.

-Bien, piensa. Ves el paisaje, a tus padres, a mi. Puedes mirarte al espejo y tienes el lujo de encontrar defectos, aunque no puedas caminar. Ahora dime:

-¿Qué ve Gloria? Tan joven como tú y ciega por la diabetes.

Un silencio sepulcral las cubrió. Miraron sin verse, las lágrimas nublaron sus ojos pero sentían se comunicaban.

No era la confortable y gastada frase, hay otros peores que tu. No, era una verdad latente, era su amiga y vecina quien no podía ver.

Viky abrió los ojos y secándolos asintió:

-Tienes razón. Hemos aprendido que el Señor nos da la carga que podemos soportar, Jesús llevó su cruz, tú tienes la paciencia que Él te da para ayudarme y…

-Calla, sabes que no es paciencia, es amor, así nos criaron. Dijo Sonia

-Y con dulzura Viky pidió: ¡Apúrate, ayúdame a vestir! Vamos al portal a esperar a mi padre".

La película iba a comenzar. Despertó Sonia del grato embeleso que la llevó a recrearse en el pasado de dulces y amargos momentos, con su Viky.

Miró hacia el lugar donde muchos años atrás, en el país que recordaba, veía el brillo metálico. Puso sus manos sobre el pecho y, los ojos mojaron sus labios cuando sintió un olor inconfundible, acompañado de una voz alegre susurrándole al oído:

-Mi prima, alcánzame la silla de ruedas.

Al Despertar De Un Sueño

"Haz de tu sueño una realidad y de tu vida un sueño".
Antoine de Saint Exupery

Despertaron aturdidas. Mirándose unas a otras sabían que la noche anterior se habían emborrachado de alegría y bailaron tanto que cansadas se acostaron.

Las cuatro soñaron algo.

Poco a poco, fueron sentándose, como si no pudieran creer lo que estaban recordando, comenzaron a hablar.

La primera fue Gretel:

-Soñé. Con los ojos fijos en la pared, comenzó a decir: "Vi cuando llegó la noche. Mi silencio escuchó con alegría, medité en la oscuridad que me invitaba a disfrutar el murmullo dejado por las estrellas fugaces, en su vuelo para tejer el cielo. No pensamiento, sólo mis cuencas viendo el viaje que realizaba a través de los Mundos. Y flotaba sentada en una silla de madera barnizada.

No espacio entre las cejas, porque el tercer ojo ha visto que lo ocupa el compás voluptuoso del corazón y los fluidos corporales, bañándolo en su lecho que, es el pecho de mi cuerpo ardiendo de deseo por encontrar el remanso del amor en nuestro cielo".

Estaban atónitas… salieron de ese estado cuando Villy comenzó a contar:

-"Soñé que mi espíritu disfrutaba la soledad de mi casa. Todo era quietud en esa tarde con luna temprana, sombreada por nubes que en su paso se despedían para dejar lugar a las estrellas. Yo era todo blanco «mi espíritu, aclaró», iluminando cada espacio.
Alguien tosió, era mi vecina que apasionada por las flores cuidaba su jardín y el mío, desde antes, cuando yo tenía cuerpo.

Sentí alegría de estar donde fui feliz, por eso regresé, para verlo de cerca. Es mi despedida a estos viajes, a mi punto de partida, ahora me toca disfrutar el Olimpo".

Terminando, un profundo silencio reinó. Al cabo de segundos que parecían interminables...

Charito, sonriendo movió sus manos como si fueran peces y dijo:

-"Vi delfines danzar en las profundidades del mar, los rayos del sol atravesaban las aguas cristalinas, llegaban a ellos haciéndoles brillar, proyectándonos energía a los que mirábamos esa ejecución del amor.

Al ritmo que el océano vibraba. Escuché mi YO interno:

-Sigue a tu corazón, cada palpitar es el sentimiento exacto del amor y la felicidad.

Disfrutando como nunca del mar que me llevaba... desperté".

Las tres primas se fijaron en Hermy. Entonces ésta comenzó:

-"Estuve donde yacen firmes y exactos los cimientos de ciudades sepultadas en los confines de la Tierra, más allá de nuestra imaginación, allí donde sólo el alma puede llegar a través de los designios espirituales, siguiendo la vibración del planeta. Sentí un cambio, el anunciado por nuestros ancestros, el que nos elevará espiritualmente en días venideros. Era mi encuentro con Dios".

La abuela Lolita entró en la improvisada habitación donde dormían sus nietas y se detuvo complacida. Las observó detenidamente, cada una era el espejo de algún antepasado de la familia, bellas las cuatro, así lo creía. Pensó en los sueños que la complacieron durante la semana que esperó la llegada de sus niñas ya crecidas. Vio que cada una desarrollaba algo fascinante, "así son los misterios de la mente, soñamos dormidos y despiertos".

Tenía que levantarlas. Después de quince días de tenerlas en la finca, éste era el último día de sus vacaciones y les había prometido visitar el río Ariguanabo, el cual se pierde debajo de una mata de Ceiba y de forma subterránea sale al mar. Y también el Museo del Humor, donde exhiben caricaturas realizadas en el año 1848.

Lolita fue espabilando a las muchachas. Gretel despertó, sonrió y le tiró un beso.

-Levántense que creció el día.

Comenzaron a reír al escuchar las expresiones de su abuela y ésta alegre continuaba su perorata:

-Rían que los jóvenes siembran alegrías y recogen gratos recuerdos en la vendimia.

Villy le dijo:

-¿De dónde sacas esas frases abuelita?

-De mi abuelo isleño, contestó con felicidad.

De camino al pueblo, en un carro antiquísimo, Hermy pidió a la abuela que contara alguna anécdota de la familia.

-No, mejor les cuento lo que soñé la semana antes de su llegada.

-¿Qué soñaste? Dijeron a coro con asombro.

-Soñé que cada una soñaba algo especial y eran muy felices, cuando desperté fui feliz también.

Con algarabía, cada una quería que el suyo fuese contado primero.

-¡Cuéntanos abuelita!

-Bien, lo contaré en el orden que mi memoria los traiga.

Con los detalles que afloran a la mente cuando el corazón lo quiere. La anciana fue narrando muy despacio, lo vivido por ella en esas noches.

Quedaron sin palabras…sus rostros denotaban una expresión sin igual, maravilladas.

Siempre que la abuela contaba algo, las primas vivían el acontecimiento narrado, como si estuvieran en el lugar de los hechos. Sentían escalofrío.

-Abuela, yo escribiré todo eso cuando haga mi libro. Dijo Charito, adelantándose a sus primas en salir del ensimismamiento en que las dejó lo relatado.

Todas estuvieron de acuerdo en que lo hiciera, en eso la abuela dijo:

-Estamos llegando y, antes quiero pedirte algo.

-Dime abuela.

-Deseo le pongas a tu libro el título que se me ha ocurrido.

-Si abuelita ¿Cuál?

-Por favor, ponle "Al Despertar de un Sueño".

Deseo Del Cielo

"Déjame sola: oyes romper los brotes, te acuna un pie celeste desde arriba y un pájaro traza unos compases para que te olvides…"

Alfonsina Storni.

¡La primavera alegraba la casa!

Visitada por vecinos de los alrededores, vacacionistas para disfrutar de la pesca, otros curiosos por ver el peligroso acantilado y algunos deseaban conocer al personaje que en ella vivía, Guillermo el jardinero, encargado del Faro, quien más cuentos sabía. Él estaba solo desde que su hijo partiera a estudiar medicina, en la ciudad.

En invierno veía marchitarse las plantas, cuidadas por él con esmero. Sonreía, era el ciclo de vida, volverían los días de sol y los niños del pueblo con su risa, los turistas llegarían para admirar la belleza de las flores y conocer el Faro, cuan antiguo era.

Esa tarde regresaba Guillermo del pueblo, en su vehículo cargado de víveres, a lo lejos en el sendero que bordeaba el camino por donde conducía, vio una mujer dirigiéndose al Faro, caminaba con dificultad.

No se detuvo, llegó a su casa y atisbó por la ventana de la planta alta,   esperando la visitante desconocida.

Ella, parecía cerciorarse que estaba sola, recorría todo con la mirada. Pasó por entre las flores, sentándose en una de las rocas, sin zapatos. Sus pies, salpicados por las olas que rompían el silencio, se balanceaban con desespero, mientras, mantenía la cabeza baja y movía sus dedos continuamente. Señal de nerviosismo conocida por él, así era el comportamiento de su esposa cuando algo le atormentaba.

Salió de su casa, su andar sereno lo condujo cerca de la roca sin ser visto, ella lloraba en silencio.

Él se hizo notar saludando:

-Buenas tardes.

La mujer, miró de reojo al hombre que la espiaba, no contestó. Pudo el jardinero, apreciar su bello y triste rostro.

-Me llamo Guillermo. ¿Y usted?

-Mi nombre no importa. ¿Podría dejarme sola?

-No puedo señora. No es del pueblo, dentro de poco caerá la noche y no trajo auto. Atiendo el Faro, no es permitido permanecer en el área después de las seis de la tarde. Soy responsable que se cumplan las normas establecidas.

Guillermo, sin esperar respuesta, sabía que no la habría, comenzó un soliloquio como si nadie lo escuchara, sentándose muy cerca de los zapatos que ella se quitara al llegar.

-Me recuerda a mi esposa, se recogía el pelo como usted, le gustaba sentarse aquí a ver la caída del sol.

La mujer balbuceó:

-¿Ella es sólo un recuerdo?

-Es más que eso. Murió hace mucho. Su partida rompió mi vida como las olas tratan de romper la roca del acantilado que en su parte más alta sustenta al Faro, el que guía a un pueblo de pescadores y visitantes. Comencé aquí mi dicha cuando empapado de agua y sal, la conocí. Luego llegó nuestro hijo, gracias a él sigo en pie, como el Faro.

A mi esposa le agradaba conversar con los visitantes. Decía que la vida era para vivirla a plenitud, día a día, ayer pasó, mañana no ha llegado. Además invitaba a los niños a jugar con nuestro hijo en la casa, a los mayores a tomar té o café y brindaba el teléfono, como me gustaría hacer ahora:

-Venga conmigo señora, puede llamar para que la recojan.

Le tendió la mano para ayudarla, ella sólo contestó:

-No tengo a nadie.

-Está bien, tome algo sentada en mi portal, ya comienza el frío.

Se levantó sin decir palabra, no tenía opción, el hombre no se iría. Se acomodó en los peldaños de la pequeña escalera que daba acceso al portal, mirando hacia las flores más cercanas. La imitó Guillermo. Ella rehuía su compañía, tenía un fin marcado, fijo en su mente, aunque su corazón repudiaba la idea. Así se lo hizo saber a Guillermo por su llanto incesante y doloroso que ya no podía acallar.

El olor de las plantas hizo que él continuara la conversación consigo, para ella.

-A estas flores le dicen "siempre bella", sus hojas se pueden comer como ensalada, son diuréticas y curan el acné. Hay variedades, a otras le dicen "Flor de Alejandría", a éstas de aquí "Bella Margarita".

-¿Margarita?

Reaccionó la mujer enjugándose el rostro con el dorso de su mano.

-Si señora y...

Ella asombrada dijo:

-Ese es mi nombre; no sabía que servían para tantas cosas.

-Y usted también, todo está en que se lo proponga.

-Ya no hay tiempo.

-El tiempo es eterno Margarita. Pase a la casa, tengo algo preparado de comer y le explico.

Por el embrujo de la voz de ese hombre, su elocuencia y la necesidad que sentía por ser tenida en cuenta la hizo seguirlo, se dejó llevar arrastrando los pies, pesados por el cansancio.

Él, sintiendo el alma hincharse de bondad, no cejó en su empeño de extraerle del cerebro, la macabra resolución que la desdichada traía en su mirada.

Margarita permaneció callada, lo observó, él servía dos platos con alimentos, que devoraron en cuanto fueron puestos en la mesa. Después, el café. Él saboreándolo le dijo:

-Margarita, necesito me haga un favor. Desde que mi hijo no está, busco alguien para aliviar mis quehaceres en la casa, así dispondría de más tiempo para inspeccionar el Faro y cuidar mis plantas. Le pagaré, por supuesto.

-Pero yo...

Él interrumpió:

-No conteste ahora, descanse y mañana hablaremos. Y con un ademán, pidió lo siguiera al cuarto de su hijo, la instó a que se acostara, amanecería fresca para decidir si aceptaba ser inquilina del Faro y su ayudante.

Dejó a Margarita en la casa, Guillermo subió al Faro, meditaba recostado en la baranda de la torre:

"Varios casos de personas desaparecidas se han reportado en pueblos de los alrededores... Entre ellos: una mujer que perdió a toda su familia en un incendio, salvándose ella porque estaba en el hospital convaleciente. Margarita pudiera ser ese caso..."

Nuevamente, lágrimas asomaron a los ojos hinchados de Margarita, ahora de emoción e incredulidad ante tan inesperada propuesta. Iba a dormir en una cama, no podía más, tendría un sueño profundo... de éste despertaría.

Guillermo, miró el reloj dirigiéndose a su mesa de trabajo, había mucho que poner en orden. Respiró profundo, las luces le parecían más brillantes, miró al cielo murmurando:
-Amor mío, donde quiera que estés, gracias por mostrarme los pensamientos de un ser que sufre, hoy lo libré del olvido y de nefastas decisiones. Mañana será otro día.
-Amor ¿Eres tú esa estrella rutilante? Gracias por el tópico.
Mientras tanto, Margarita le preguntaba a su otro yo reflejado en el espejo ¿Merezco esta oportunidad?

Desnudo

"Creo en una primavera…si uno dice a otro HOMBRE TE AMO…con una luz en los ojos...con mil pequeños detalles".

Phil Bosmans

Tenía quince minutos para descansar, decidí pasarlos en el patio interior del teatro, disfrutando las plantas que lo adornan con sus diferentes colores. Escuché a mi jefe llamándome con insistencia:

-Regina ¿Dónde estás?

-¿Qué desea Rolando?

-Ven conmigo a la administración. Necesitamos hablar.

Allí me informaron que en horas tempranas, había estado en esa oficina una señora, siendo yo la única persona que entró después que ella se marchó. Me preguntaron si al realizar la limpieza, había encontrado un brazalete de plata antiquísimo muy fino.

Con naturalidad respondí que de ser así lo hubiese devuelto, como hice con la cadena de oro.

Tuve intención de retirarme, no lo permitieron, debía esperar que registraran mi taquilla, si no lo encontraban darían parte a la policía. Aquello me dejó petrificada, sin palabras.

La noticia, del supuesto robo al descuido realizado por mi, corrió rápido por todo el teatro y mis compañeras de trabajo avisaron a mi hijo. Llamaron a la policía al ser infructuoso el registro en mis pertenencias y me condujeron a la estación.

A mi hijo lo llevaron en un carro patrulla a nuestra casa para que presenciara el registro, quedando también como sospechoso, porque él había estado en el teatro temprano y según la policía yo pude haberle entregado la prenda.

-¿Quién me acusa? Pregunté al agente que llenaba unos papeles.

-La dueña del brazalete.

-¿Por qué a mi?

Recibí por respuesta una mirada a mi uniforme de empleada de limpieza en el teatro. Siempre la cuerda rompe por la parte más débil. Sentí un frío que recorría mi cuerpo provocando un temblor súbito.

Me condujeron a una celda, chirrió la reja, di unos pasos y el sonido de un cerrojo anunció que yo era su huésped. Dormiría por primera vez entre rejas, acusada de robo por alguien muy importante al parecer. Sólo Dios y mi hijo saben, soy inocente.

Medité en la soledad del incómodo y triste lugar, porqué me sucedía esto. Lo diría el tiempo. El Señor prueba mi paciencia una vez más y demostrará mi honradez.

Dormí algo, después que tomé un café con leche enviado por mi hijo que se encontraba en la estación esperando resultados. Oré hasta que una voz interior me tranquilizó.

Salí de la celda en la mañana, no sabía la hora. Me condujeron a la oficina, estaba mi hijo y también la dueña del brazalete, la señora tenía un exquisito olor a perfume, me hizo saber que si yo le devolvía la joya, retiraba la acusación. Yo no tenía qué devolver.

Ante mi negativa, muy disgustada, señaló su brazo izquierdo diciendo:

-Aquí lo tenía, salí de la casa en mi auto, el único lugar donde estuve fue en esa oficina del teatro. Se ha registrado mi casa palmo a palmo. La directiva del teatro manifiesta que usted estuvo allí y puso llave al salir. Devuélvame la prenda y tendrá su libertad. Es de más valor sentimental que monetario. Piense en su hijo.

Yo sólo miraba el brazo indicado por ella, de pronto una luz llenó mi mente. En retrospectiva vi y, en voz alta, muy suave le dije:

-Desnudo.

Los presentes creían que me burlaba, pero mis ojos limpios llegaron hasta los de ella y se turbó, le había llegado la iluminación.

-¿Cómo dijo? Inquirió poniéndose de pie.

-Dije que su brazo estaba desnudo.

Mirándome fijo abandonó el lugar, dejando a todos perplejos.

Al quedarme sola en la celda, comencé a llorar, mi integridad había sido violada. Me miré por dentro, no estaba vacía, aún tenía a quien acudir, donde reponer mi cansancio; en mi Fe.

No pasaron dos horas, nuevamente de la oficina reclamaban mi presencia.

Sorpresa divina esperada. Me devolvieron mis pertenencias. Vi llegar a mi hijo, con sus libros bajo el brazo y su cara de angustia.

Un policía dijo:

-Se puede marchar y reintegrarse a su trabajo. La acusación fue retirada.

Casi no escuché la última palabra, salí lo más rápido posible, mi hijo me seguía. Ya en la calle, lloramos de alegría e impotencia y comenzamos a caminar tomados de la mano, pensando ese cambio tan drástico sin explicación.

Se detuvo un auto junto a nosotros, era la señora que asomada a la ventanilla me llamaba.

-Regina, espere un momento, necesito hablarle. Abrió la puerta del auto y pidió subiéramos. Mi hijo no me dio tiempo a reaccionar, le contestó:

-¿Con usted? No, gracias. Ya es suficiente lo que ha hecho a mi mamá.

Pero ella, bajando del auto, con delicadeza extrema explicó:

-Mi madre quiere verla. No hablaré yo. Se lo aseguro.

Sus palabras no me importaban, su brazo si. ¡Llevaba el brazalete!

Ahora la interesada era yo, quería escuchar la explicación de tan distinguida familia a una empleada de la limpieza en un teatro, por lo que insté a mi hijo sentarnos en la parte trasera y permanecimos muy callados, asistiendo al funeral del sentimiento dolido.

Una reja alta y ancha se abrió, para dejar ver la belleza de esa majestuosa casa en la quinta avenida de Miramar.

Cohibidos pasamos a un salón, para esperar a la madre de la dueña del brazalete. Nos brindaron jugo y unas galletas exquisitas que devoramos.

Me pareció que dieron tiempo a que termináramos la merienda y una linda viejita apareció en el umbral con un bastón en su mano derecha y su hija sujetándola por el otro lado.

Se marchó la acompañante, dejando una estela de ese olor, ya conocido por mi. Tomó asiento frente a nosotros la linda dama, sin importarle la presencia de la doméstica que recogía el servicio, inició su conversación, por lo que deduje era de su entera confianza.

-Regina es su nombre ¿Verdad?

-Si señora. Contesté a secas. No sabía que decir ni hacer.

-Quiero disculparme por la actitud de mi hija ayer, inclusive hoy en la mañana.

Mi hijo, joven y dolido le interrumpió:

-¿Disculpa? ¿Así de simple?

-Bueno. Si desean retribuyo el mal rato con dinero.

Al oír esas palabras argüí: No señora, no necesitamos limosna.

No se inmutó con mi fuerte expresión, al contrario, una sonrisa de satisfacción afloró a su lindo rostro. Puso el bastón en el sofá y se arrellanó con gusto.

-Eso esperaba escuchar de usted, Regina.

Manifestó dejándome asombrada y continuó al ver que nos miramos abriendo los ojos.

-He averiguado con la ayuda de mi abogado, muchas cosas de su vida. Además de trabajar en el teatro, está terminando la carrera de enfermería y ha criado a su hijo sola.

-¿Por qué usted y no su hija me ha investigado?

Porque ella es muy altanera. La pérdida de su joya favorita, regalo de su padre la cegó.

Y yo la necesito a usted. Mi hija se marcha al extranjero por asuntos laborales y busco compañía durante un año y, si esa persona es enfermera y proba como usted, mejor aún.

-Señora, tengo un...

No me dejó terminar:

-Me llamo Victoria, no me presenté, disculpe.

-Señora Victoria, tengo un hijo que atender, aunque ya no es un niño, estudia y me necesita.

-Mejor, porque esta casa es muy grande, hay cuartos suficientes para él también. Le pagaré más de lo que gana en el teatro y sin gastos de casa y comida. ¿Qué le parece?

-Me sorprende tanta caridad de su parte.

-Más se sorprenderá con lo siguiente:

Fui tan humilde como usted, secretaria en un despacho de abogados y uno de ellos se enamoró de mi. Él procedía de muy buena familia, acaudalada, la cual se opuso a nuestro matrimonio, él hizo su voluntad y hoy soy la viuda de Hidalgo.

También deseo brindarle ayuda, la situación que está pasando es por causa de mi hija. Ella mira por encima del hombro como su abuela paterna y gracias a usted ha recibido una lección muy grande de humildad. Ha llegado claridad y mansedumbre a su alma, el Señor lo ha querido, usted ha sido la vía.

-Señora Victoria ¿Cómo recuperó el brazalete su hija?

-Me contó que estuvo en la estación de policía hoy, conversando con usted. Ella reaccionó ante el brillo de sus ojos y una palabra suya la taladró, se dio cuenta que había un lugar no revisado entre la casa y el teatro, era su auto. Lo buscó, hallando el brazalete debajo de un asiento. En ese momento pensó que, no sólo tenía desnudo el brazo, sino desnuda el alma.

Este suceso tan penoso la ha hecho reflexionar en todos los aspectos de su vida. Le pedirá excusas a usted, está arrepentida de su mal proceder, necesita tiempo.

Ha ido a buscar el amor de su vida que despreció por ser un humilde ingeniero. Maravilloso el muchacho, es de oro, sólo hay que pulirlo. Todo esto se lo debe a la palabra mágica que usted dijo mirando el brazo de mi hija.

-Sólo dije: Desnudo.

-Exacto Regina. Respondida su pregunta. ¿Acepta mi oferta?

-Si. Sólo una condición. Que el cuarto de mi hijo quede al lado del mío.

Rizos de Oro

"No sólo se hace mérito con los grandes trabajos…"
Gabriela Mistral

Pasaba el barrendero como todos los días, temprano, de lunes a viernes realizando el trabajo que le habían asignado. Grandes y chicos lo conocían, era el hijo de la costurera, nacido y criado en este barrio de La Ciudad de La Habana. Mientras barría alrededor del parque, donde había una parada de autobús, conversaba con vecinos y amistades, otros le daban los buenos días sin dejar de cumplir su labor matinal.

Llamaba la atención este hombre, de porte elegante, alto, trigueño de ojos verdes, siempre con una sonrisa en su afable rostro. Lo que más sorprendía era su atuendo, se ponía para barrer las calles, pantalón y saco de vestir, como decimos los cubanos "va de traje".

Un día, iba yo en el ómnibus de regreso a mi casa, al detenerse en una parada, escuché a una señora decir:

-Mira ese loco, usa ropa de salir para barrer calles.

Miré al barrendero, sonreí y dije a la señora en cuestión:

-Ese señor que tilda de loco, está muy cuerdo.

-¿Usted lo conoce? Preguntó otra.

-Si, es mi vecino. Respondí con orgullo.

Recibí miradas inquisitivas de los que no lo conocían y, sonrisas apoyándome de los que sabían quién era este barrendero elegante que empujaba día a día un carrito de basura.

-Ese señor, dije, trabajaba en una oficina, ahora está castigado por el gobierno, barriendo calles, porque desea abandonar el país.

Alguien dijo:

-Le dicen Rizo.

Otro amonestó:

-Es un gusano, una escoria.

Y desde un asiento trasero, una voz muy fuerte de mujer, impresionando a todos, dijo:

-¡Es, un Rizo de Oro!

-¡Ese es el precio de la Libertad!

Frente a Frente

"Es posible que nuestra mente diga: yo no te conozco. Pero el corazón si lo conoce".

Brian Weiss

Con la ropa raída, un hilo de sangre brotando de sus labios carnosos y un chichón en la frente, llegó Willy a la casa.

María Teresa corrió a su encuentro haciendo preguntas, tomando su mano lo llevó hasta el botiquín, él sonreía mientras ella lo curaba. Sólo habló para pedir un vaso con agua. Descansar en la paz del hogar, disfrutando su sillón favorito, era lo que deseaba para contar lo sucedido.

-Escucha mamá. Esta mañana fui al gimnasio, al llegar al parqueo vi un pequeño grupo de personas, en su mayoría mujeres, rodeando a dos hombres que peleaban, dándose golpes sin compasión. El más alto, aprovechando la caída del otro, extrajo del bolsillo de su pantalón una navaja, dispuesto a herirlo.

Una fuerza mayúscula impulsó mi instinto de buen samaritano, no podía permitir la desventaja del caído, tomé al hombre por sorpresa e hice soltara el arma. Reaccionó el agresor, la buscó con la mirada, un señor le había puesto un pie encima y alejado de su alcance. Con rabia me atacó propinándome golpes muy duros, otros los esquivé. Al del suelo, alguien lo movió del área de la trifulca.

Por suerte habían llamado la policía. Llegó tan pronto como los paramédicos, constatando que el hombre vencido por los golpes estaba vivo. Me condujeron a la estación de policía para declarar, con dos mujeres que iban con mi defendido.

Asombrada, con orgullo de madre sus ojos acariciaban a su hijo, dándole gracias al cielo por tenerlo. Era Willy fruto de un amor de juventud, al que ella defendió contra el aborto que el padre de la criatura quería realizara, dándole dinero para ello y desapareciendo de su vida. La ayudó a criarlo su hermano Manolo, quien de soltero vivía con ella. Por eso, cuando Manolo los invitó a reunirse en Miami, donde residía con su esposa e hijos hacía seis años, aceptó, él desde la distancia siguió comportándose como un padre para Willy.

-¿Mamá, me escuchas?

-Si hijo, sólo te disfruto.

-Bien, me daré una ducha, almuerzo y parto para mi trabajo, tengo el tiempo justo. Regreso temprano necesito descansar. Quedé con Sandrita en ir a la playa mañana sábado y tu prometiste ir al cine con nosotros el domingo, después visitaremos a tío.

-Está bien. Entonces, mañana salgo con mis amigas.

El lunes amaneció perfecto para seguir durmiendo, una lluvia pertinaz no dejaba levantar a Willy, pero el mejor despertador del mundo lo hizo con un beso.

-Apúrate, tienes clases. Dejé tu almuerzo preparado. Dijo cariñosamente y con apuro salió María Teresa para su trabajo, un Day-Care cerca de su casa, le gustaban los niños y la vida le había dado sólo uno.

Seis y media de la tarde, otra semana de trabajo que finalizaba. Dejó la cartera a un lado, miró el teléfono. Otra vez marcado ese número desconocido, a distintas horas y ella no respondía.

Sonó, al tercer timbrazo decidió tomar la insistente llamada y escuchó la voz de una mujer preguntando por Willy.

-Si, es la casa, soy su madre.

Conversación corta, suficiente para decirle a su hijo que debía comunicarse con esa señora.

-Lo haré mañana a la hora que me levante. Fue la respuesta del joven.

Así hizo, llamó. Invitó a su madre a casa del hombre que agradecido por defenderlo le pedía fuera a su casa.

Llegaron a la hora convenida, una señora de unos setenta años le dio la bienvenida, rápida las presentaciones y agregó:

-Aviso a mi hijo.

Apareció el hombre, dirigiéndose a Willy extendió su mano izquierda, tenía el brazo derecho enyesado. Tomaron asiento, comenzó dando las gracias por haberle salvado la vida. Hablaba atropelladamente, hasta que se percató no había saludado a la acompañante del muchacho que lo observaba detenidamente.

-Disculpen, mi nombre es Guillermo. Cuando obtuve, mediante mi abogado los datos del joven, me sentí complacido por la casualidad, somos tocayos.

-Si señor. Guillermo Pérez es mi nombre y ella es mi madre, María Teresa Pérez.

El hombre ahora reparó en María Teresa que lo miraba con mezcla de triunfo y lástima, dijo:

-¿Teresa, eres tu?

-Si, soy yo.

Los dos se internaron en el tiempo enclaustrado, saliendo como eructo de volcán, quemándole a él las entrañas y a ella el corazón.

El gozo del dolor con amor vivido por ella, el dolor con pesar de él, hicieron se respirara frío, sentido por los dos seres ajenos al pasado, unidos en el presente, la madre de Guillermo comprendiendo y Willy deseando no comprender.

La señora, miró al menor de los hombres con un rictus de dolor en los labios, tal vez por el tiempo perdido que hubiese llenado el vacío de una casa tan grande y un corazón desolado.

Guillermo sostuvo la mirada de la más joven, con dolor no fingido y vergüenza. Sólo se le escuchó una palabra salida del alma con angustia, pronunciada por él, que eliminó la frialdad reinante.

Quedando su voz como eco, al ser repetida cada vez que miraba a uno y otro de los allí convocados por el destino de un buen samaritano.

-Perdón...Perdón...perdón...

Un Té Helado

"El futuro tiene muchos nombres...para los valientes, es la oportunidad".

Victor Hugo

La ciudad lucía radiante en pleno verano.

Parecía mentira que hubiese conseguido esa plaza de Secretaria Ejecutiva. Mi cita de trabajo sería dentro de dos días, necesitaba ropa adecuada de oficina, salí a las tiendas y obtuve lo deseado sin esfuerzo.

Me detuve en una cafetería con pequeñas mesas en la acera, eligiendo una frente a la calle y pedí un té helado.

No se como sucedió, escuché un grito desgarrador, solté el vaso, me vi en medio de la calle quitando un niño de unos dos años, del alcance de un carro que frenaba desesperadamente. Puse el niño a salvo, caí al suelo con un dolor inmenso y alcancé escuchar una voz:

-Mi niño, es mi niño.

Desperté en una habitación de hospital, una enfermera a mi lado. Le pregunto:

-¿Dónde estoy? ¿Qué pasó?

-No se preocupe joven. Soy la enfermera, mi nombre es Grisel. Esperaba que despertara. Perdió el conocimiento, sólo tuvo golpes sin consecuencias.

-Ya recuerdo. ¿Y el niño?

-Está bien. Espere un momento, alguien quiere verla.

Era la madre del niño, me daba las gracias por salvar a su pequeño y a Dios también porque los dos estábamos ilesos. Se aseguró que mi atención fuera buena y pagó los gastos hasta el alta.

Al día siguiente por la tarde regresé al hotel, llevaba en el bolsillo de mi pantalón una tarjeta que dejara la madre del niño para mi, ya tendría tiempo de leerla, ahora necesitaba ir a la cafetería donde guardaron mis compras.

Quedé sorprendida con los aplausos que me dieron al reconocerme cuando solicité mis paquetes, se interesaron por mi salud y me sirvieron un té helado.

Hice una llamada a mi mamá, acostumbrada a tener noticias mías no quería preocuparla, por lo cual omití lo sucedido, ambas estábamos atareadas con nuestras vidas y ella tenía que vender su peluquería antes de reencontrarnos.

Necesitaba relajarme y lo logré. Estrené mi ropa, llegué puntual a la oficina donde me esperaban. Les comuniqué tenía cita con Tony Calver. Le llamaron por un intercomunicador. Apareció una señora joven, me observó con detenimiento y acercándose pregunta:

-¿Es usted Pilar Castañeda?

-Si señora.

-Soy Tony Calver, mucho gusto.

Extendí mi mano, abrí los ojos en señal de asombro.

Sonriente continuó ella:

-¿Esperaba un hombre, verdad?

-Si… al Sr. Calver, no a usted.

Ahora sonreímos las dos y camino a su oficina comentó:

-En los datos personales aportados, leí que no es de esta ciudad y sin embargo su rostro me es conocido o será que se me parece a alguien.

-Si Sra. Calver, está en lo cierto, nos conocemos, usted ha dado cita dos veces a la misma persona. Soy la joven que visitó en el hospital.

El Teléfono

"Siempre existe una persona que espera a otra… y cuando éstas se cruzan y sus ojos se encuentran, todo… el pasado y el futuro pierde importancia".

Paulo Coelho

Llegó Elvira a Miami, como muchos, con la Patria en la cabeza, Martí bajo el brazo y los bolsillos vacíos.

La esperanza de vivir mejor y la compañía de Dios daba la certeza de encontrar un trabajo, bríos para luchar y tener un futuro en el país que la cobijaba.

Encontró qué hacer, como ganar su alimento y ser útil, cuidando ancianos hasta que obtuviera su residencia, entonces podría trabajar en una oficina, además estudiar, como hacían tantos de sus amigos.

Tenía donde dormir, gracias a Mercy, su amiga de la infancia que la tuvo tres meses en su casa sin aportar un centavo y, lo que ganaba era guardado para obtener su residencia.

Al cuarto mes, Mercy le consiguió cuidar una anciana que vivía sola, tendría techo, comida y un día libre a la semana. Le pagaban semanalmente y sus deberes en la casa eran todos, menos hacer las compras de víveres, de lo cual se ocupaba una hija.

Elvira, rápidamente se ganó la confianza de Doña Carmen. A las dos les gustaba leer, adentrarse en la trama de libros policíacos y la anciana le pedía:

-Anda mi hijita, lee, mis ojos se cansan.

Y la de la Patria en la cabeza no sólo leía, le contaba cosas agradables de la Cuba que Doña Carmen hacía mucho tiempo no veía, del Paseo del Prado con sus palomas y del Río Almendares donde la Doña iba a pasear con su novio.

La casa era visitada por las hijas o los nietos y cuando ellos intentaban llevarla a pasear, ella se negaba poniendo de pretexto:

-No puedo, pierdo mi novela que está buenísima.

Después le comentaba a Elvira:

-Esto es lo mío, mi casa, el jardín, las plantas, los perritos, mis programas favoritos y ahora que tú me lees, tengo más en que entretenerme. Yo quiero a mi familia, pero es mejor que vengan a verme, ya disfruté bastante con mi viejo, en Cuba y aquí también.

Un día, Doña Carmen recibió la visita de un primo segundo, muchos años menor que ella, alto, bien parecido, elegante y calvo, totalmente calvo. Cuando el hombre se sentó en la sala, quedó frente a Elvira que los observaba desde la cocina. Ésta, asombrada al ver el parecido de ese pariente, con Rafael su jefe en su país natal, pensó: "Rafael no estaba calvo cuando dejé de verlo, también usaba espejuelos de plásticos y feos, éstos que luce el primo son dorados, lindísimos".

Además, hacía ocho años que no veía a Rafael, tendría que escucharlo para saber si era o no él. No tuvo que esperar mucho, Doña Carmen la complació diciendo:

-Rafa, "no te dejas caer", sólo se te ha caído el pelo.

-Claro prima, no se puede engordar, hay que estar en la moda, delgado.

Elvira estaba alegre, era Rafael. Su voz, su forma de hablar dulzona. Le dio gracia y pena a la vez tener delante este personaje que tantos recuerdos le traía. Fue al patio de la casa, se acomodó en el sillón de mimbre que le recordaba a su amiga Laura y, decidida a disfrutar sus recuerdos, cerró los ojos:

"La oficina tranquila, todos en sus puestos. Glenda la secretaria de Rafael con muchas cartas por terminar. El departamento de Análisis Estadístico atiborrado de trabajo y por supuesto Rafael.

El jefe, el Rafa, en su oficina hablando por teléfono, desde las nueve de la mañana y eran las diez. Recostado en su cómodo asiento «el único de ese tipo en la oficina», echado hacia atrás y los pies sobre la mesa de trabajo, sólo le faltaba un tabaco para que la escena pareciera salida de una película.

Marta, su esposa por más de doce años, lo dejaba en el trabajo temprano y continuaba hacia el suyo, manejando gustosa el carrito que heredara de su difunto padre.

Cuando Rafa llegaba a la Empresa, pasaba por la oficina del Director, un señor simpático e inteligente que reunía a los jefes de departamentos todos los miércoles, a las ocho en punto de la mañana, durante quince minutos para "cambio de impresiones" y tomar café.

Los demás días de la semana, Rafa llegaba a nuestro departamento, esperaba que Marta, lo llamara desde su trabajo y dijera:

-Llegué bien cariño.

Esa frase era lo más anhelado para él y se cumplió, ella llamó, tenía vía libre, podría entregarse a la magia del teléfono. Ese artefacto negro sobre su mesa, sería testigo de su desahogo emocional.

Jose, más joven que Rafa, Economista también, muy amigo de todos, supervisaba el trabajo que realizábamos. El jefe, confiado, podía hacer uso del teléfono, el "octavo arte" para este señor telemaníaco-fónico. Podíamos estar a su lado cuando esto ocurría que no se escuchaba palabra alguna, sólo el movimiento de sus labios.

Después del almuerzo en nuestro comedor obrero, Rafael salía apresuradamente hacia la oficina, no compartía con el grupo de literatura.

Al regresar al departamento, encontrábamos a nuestro Romeo tan abstraído que hablaba alto al saberse solo. Entonces Jose, avisaba que habíamos llegado y él colgaba esa pieza receptora que pegaba al oído como si fuera su amada inmóvil, saludaba con la mano. Salía algunas veces de su oficina para compartir palabras como:

-Elena, ¿Te va bien en la Universidad?

-¿Y tus hijos, Vera?

Unos 20 minutos tardaba su contacto con nosotros, pedía a Jose que lo siguiera, despachaban el trabajo realizado en la mañana y salían los dos, regresando sólo Jose media hora después, haciéndose cargo del departamento, porque el Rafa tenía una reunión en un lugar X. Era de imaginar que era una reunión de dos.

Estas salidas antes de terminar la jornada laboral eran dos veces por semana".

Recordando, Elvira sonreía, sobre todo cómo disfrutaban los treinta minutos de tertulia.

"Terminado el día de trabajo, los que vivían lejos, buscaban quien los acercara a la casa y muchas veces Jose nos llevó hasta la Ciudad Deportiva en su carro, regalo de su padre, un Ingeniero que había viajado mucho".

Llegó el día aciago para ese flaco alto, de ojos bonitos, andar ligero y voz melosa que Elvira encontraba encantador.

"Nunca lo habíamos visto tan colorado, ni hablar tan estrepitoso, mucho menos que irrumpiera en nuestra oficina llamando a Jose.

-Apúrate Jose ¡Dale! Rápido.

-¿Qué pasa Rafa? Dijo Jose, tomando su billetera y las llaves del auto.

Rafa no escuchaba, saliendo dejó caer el bolígrafo con que jugaba nerviosamente.

Al día siguiente encontramos a Glenda preocupada. Contó la llamada que Jose hiciera, pidiéndole informara que él y Rafael no llegarían temprano al trabajo, designando a Valdés, encargado del departamento y haciendo saber que el Director Económico tenía conocimiento de ambas ausencias.

Después de almuerzo llegó Jose, sin deseos de hablar, pero tenía que hacerlo, nuestras caras de interrogación necesitaban respuesta, tantos años de trabajar juntos lo requería.

Y comenzó despacio:

-Siempre he sido muy parco al hablar cuando me preguntaban sobre Rafa. Lo único que he hecho es corroborar que es casado con una mujer muy buena que todos conocen y tienen dos hijos.

-Ahora me toca contar lo ocurrido ayer.

-Cuando salí tras él apuré el paso, tanto que todos nos miraban extrañados. Le di alcance en el parqueo, nos sentamos en mi auto y me contó que Marta se enteró que él la engaña.

Jose agregó adivinando nuestra pregunta:

-Marta, supo de la traición porque inusualmente se estaba comunicando con él a las 9am. Y su llamada se cruzó con la matinal de Rafa y Cary, su amante; escuchó la cita que tendrían, en la propia casa de esa mujer, el esposo estaba de viaje. Marta, salió del trabajo por falta del fluido eléctrico en el mismo y quería comunicárselo. Se estacionó con su auto cerca de la casa en cuestión, viendo cuando dejé a Rafa.

-¿Y cómo sabía Marta que era la casa de Cary? Inquirió Elena.

-Porque ellas dos son amigas, bueno, eran. Salían a la playa las dos parejas y compartían fiestas en sus casas.

-Y tú lo ayudabas en todas sus correrías, dijo Gise como mujer herida por ese aguijón de la traición en su matrimonio.

-Ahora Marta es traicionada por partida doble, sentenció Glenda.

Valdés, intervino con su carácter fuerte y manifestó:

-Dejemos las opiniones. Por favor Jose ¿Dónde está el jefe ahora?

-Lo dejé en casa de su mamá, la cual está muy enfadada y triste por sus nietos.

-¿Cuándo vuelve Rafael? Pregunta Alberto, quien necesita le firme las vacaciones.

-Mañana, según como se sienta, tiene la presión muy alta. Dijo Jose levantándose para recibir al Director que venía a saber de su amigo".

Elvira, esbozando una sonrisa, volvió a la realidad. Dejó el cómodo sillón y decidida volvió a la cocina.

Seguían conversando los primos, se escuchaban las voces alegres de ambos:

-Dime de tus hijos

-Ya son dos hombres, en cuanto lleguen a Miami los conocerás.

-¿Viene Marta?

-Sí, ella y yo, sólo conversamos sobre los muchachos, no quiere saber de mi.

-¿Y qué esperabas Rafa?

-Lo se, la vida da lecciones y las mejores son desgraciadamente, las que surgen de los errores.

-Ahora encausa tu vida, estás a tiempo de estabilizarte con una mujer.

-¿Y dónde está esa mujer, prima?

En ese momento Elvira aparecía en la sala, quería avisarles que podían almorzar cuando desearan. Y ella vería a Rafa.

Doña Carmen exclamó:

-Ven Elvira, quiero presentarte a mi primo. Ya le hablé de ti.

Sorprendido, Rafael pronunció:

-¿Tú?

Tan fuerte sonó la interrogación que la Doña los miró con susto. Y rápidamente Rafa continuó:

-No te preocupes prima, nosotros nos conocemos bien.

-¡Qué casualidad! Dijo Doña Carmen.

-¿Casualidad? No, de casualidades no me hables, se lo que son casualidades.

Resuelta a perder la timidez que la acompañaba cuando sentía la proximidad del sexo opuesto y, en especial éste, Elvira avanzó hasta el controversial personaje sintiendo la mirada de él tan inquisitiva como siempre, ella sabía que a la única mujer en la oficina que miraba de esa manera, era a ella. Y le agradaba que lo hiciera.

-¿Cómo estás Elvira? Mucho tiempo sin vernos.

Se dieron las manos que él retuvo un momento, gesto que percibió Doña Elvira mostrando su alegría con una sonrisa y brillo de malicia en los ojos.

Pasaron al comedor los tres, almorzaron juntos, hablaron de la oficina, por supuesto sin mencionar el teléfono, sólo las situaciones agradables entre seres que convivieron ocho horas diarias por más de cinco años.

Elvira, los había dejado solos en el portal mientras recogía la mesa y al llamado de la Doñita, como la apodaba cariñosamente, se presentó.

-Mi primo se marcha y quiere despedirse de ti, yo me retiro como siempre a dormir la siesta.

-Elvira, dijo el Rafa cariñosamente. ¿Podrías darme tu número telefónico?

La pregunta hizo que ella como un resorte dijera:

-¡¿Qué?! ¿Teléfono? ¿No te es suficiente con lo que te pasó con el dichoso aparato, para que ahora quieras emprender el juego conmigo?

-No Elvira. Entiendo tu reacción, eras testigo mudo de la situación que viví. Ahora es distinto, aprendí la lección. No soy casado, no tengo pareja, salgo con amigas sin compromiso alguno. No engaño. Solo quiero pasear contigo.

Ella, reaccionó valorando las palabras escuchadas, parecían sinceras y deseaba que así lo fueran, porque ese hombre le encantaba. Rápido hizo un análisis: "Ambos sin compromiso, con probar no pierdo nada".

-Está bien, nos conocemos, sabes que soy legal, te doy un voto de confianza. Puedes llamarme de una a dos de la tarde, tu prima duerme la siesta o descansa en su cuarto y no me necesita, hoy ha sido un día especial por tu visita y el almuerzo fue tarde.

-Dame el número por favor, musitó él como si estuviera pidiendo un beso.

Intercambiaron números telefónicos y Rafa sin mover los labios, como solo él sabía hacer, con picardía manifiesta que Elvira disimuló no conocer, casi musitó:

-OK. Te llamo.

Ella asintió, se besaron en las mejillas, sin darse cuenta que desde una persiana entreabierta, una señora construía castillos "en el aire" y ya tenía el rey y la reina.

Común Denominador

"La peor verdad cuesta un disgusto, la mejor mentira cuesta
muchos disgustos y al final un disgusto grande".

Jacinto Benavente

Mery, con paso lento entró a la funeraria, dudando si debía hacerlo. No sabía que también Moly, desecha en llanto y Marta a distancia del féretro, querían despedirse de Rodolfo. Lo habían amado hasta donde él se lo permitió. Formaron parte de su vida y dejaban de serlo "por sustitución reglamentaria", como lo expresaba él a sus compañeros de trabajo quienes compartían travesuras amorosas y, algunos tenían hijos fuera del matrimonio.

Ellas no se conocían, sí a Magda y observaban como ésta y sus dos hijos, recibían las condolencias. Rodolfo siempre les hizo saber que su familia no podía enterarse, todas respetaron esa condición, su propósito era pasarla bien.

El cadáver estaría expuesto por tres horas solamente, dada la rápida descomposición del cuerpo. La gangrena gaseosa lo llevó a este final. Magda se daba cuenta que el cuerpo comenzaba a drenar, se acercó a su esposo y se despidió.

La madre y el único hermano del finado, también recibían el pésame, dolía mirarlos, estaban desolados. Magda, se dirigió a ellos para que fueran a ver a Rodolfo antes que taparan la caja, ya comenzaba el mal olor. Unos sintiendo lo sucedido, otros por curiosidad pasaban por delante del ataúd y para ellos era un desconocido el que allí se encontraba, su apodo "el gordo" ya no le venía bien.

Cuando avisaron que dentro de quince minutos, comenzarían a recoger las coronas, llegó Mayra. Vestida de negro, con signos visibles de sufrimiento tomó del brazo al hermano de Rodolfo y le pidió se lo dejara ver antes que lo llevaran a enterrar. Magda, escuchando el pedido, se dirigió a la recién llegada y preguntó:

-¿Quién es usted que se dirige así a mi cuñado?

Por un momento Mayra se turbó, todos dirigieron sus miradas al trío. En el rostro de algunos afloró una sonrisa maliciosa y los familiares se agruparon alrededor de ellos, esperando una respuesta.

-Señora, disculpe, llevo viviendo con este hombre quince años, nunca he pedido nada, sólo quiero eso, verlo por última vez.

Como relámpago salieron a su encuentro; Mery, Moly y Marta, dijeron casi al unísono:

-Yo también.

De las otras capillas comenzaron a llegar dolientes. El murmullo dejó de serlo y se convirtió en un preámbulo de discusión:

La esposa y sus hijos, se abrazaron y comenzaron a llorar. El hermano de Rodolfo llevó a las cuatro mujeres hasta el pasillo y corrió donde su madre que se sentía mal.

Las tres se contaban atropelladamente, cuándo comenzaron su relación, cuándo la terminaron y donde se conocieron, comprobando que coincidía el comienzo de una, con el final de la otra. Por conclusión, la recién llegada estuvo siempre compartiendo a Rodolfo con una de ellas y con la esposa.

Magda, no permitió se abriera la caja, con mucha educación solicitó se retiraran las cuatro intrusas o pediría a la administración de la funeraria, las sacara. Sólo permaneció afuera Mayra, escondida tras una columna para ver salir el sepelio.

Todo el barrio, estuvo contando lo sucedido por mucho tiempo. Muchos conocían del flirteo con Mayra, otros sabían que se relacionaba con todas. La única que desconocía todo, como siempre, era la engañada.

Magda, al final supo que su esposo era un Rodolfo Valentino. Y que fue su única mujer, mientras duró la luna de miel.

Juego de Niños

*"Tengo Fe en el mejoramiento humano, en la vida futura, en
la utilidad de la virtud y en ti".*

José Martí

Yacía en el sucio piso, de aquel lugar deshabitado, entre
escombros, fetidez y dolor.

Los niños del barrio jugaban, en lo que antaño fuera el
bello jardín de Doña Ramona. Corrían de un lado para otro,
buscando algún tesoro escondido, dejándose llevar por
habladurías de los habitantes del lugar. Contaban y los pequeños
abrían sus ojos desmesuradamente, cuando detallaban los
adornos tan dorados, de la casona abandonada.

Los curiosos exploradores, aburridos de corretear y abrir huecos
en la tierra, donde sólo encontraban lombrices, decidieron
aventurarse a entrar en lo prohibido para ellos, por posible
derrumbe.

El mayor del grupo, con sólo nueve años, dijo haber
escuchado a su padre que el techo de la glorieta, se cayó

hace mucho, por tanto allí no tendrían peligro. Todos pusieron caras contentas, emprendieron la marcha, sorteando la maleza con su rudimentario equipo de trabajo: palas, picos y cubos viejos, obtenidos de los patios vecinos. El perro del pueblo, el que era de todos y de nadie en particular, los había seguido como de costumbre y corría tras una rata rezagada. De pronto dejó de correr, paró las orejas y comenzó a olfatear levantando su hocico, se dirigió a un pequeño estanque y desde allí ladraba y olía, se acercaba a los pequeños y retornaba al lugar.

Uno de los niños creyó que el perro había encontrado un tesoro y siguió al animalito que cada vez ladraba más. Pero al llegar, se asustó y corrió hacia el grupo gritando, sólo señalaba al perro, a donde fueron los demás, reaccionaron éstos igual saliendo precipitadamente, dejando atrás sus aperos.

En su carrera por las estrechas calles del pueblo, los pequeños llamaban la atención de los vecinos, tropezando con el párroco del pueblo, Tristán, quien rodó por el suelo con uno del grupo y tomándolo del brazo no dejó se levantara. Todos reían, sólo la cara de espanto del muchacho logró se acercaran preguntando:

-¿Qué pasó, viste un fantasma? Al momento, Tristán y el niño fueron ayudados a levantarse.

Los demás quedaron paralizados al ver el incidente y retrocedieron. El mayor contestó:

-Detrás de la casona, hay tirada una mujer en un charco de sangre.

El pequeño hospitalito montado por el nuevo médico, contaba con escasos recursos para salvar la vida de la joven que horas atrás estaba en el sucio piso del estanque. Se hicieron las llamadas de rigor pidiendo ayuda a la Ciudad. Enviaron un helicóptero, llevando un investigador y un paramédico, con todo lo necesario para realizar una operación de urgencia.

También se le comunicó a la policía de la Ciudad que la moribunda, no era del lugar, ni poseía identificación y fue agredida por un arma blanca, dejándola en el lugar por muerta.

La policía cercó todo el área con cintas amarillas y puso guardias para custodiar los alrededores. Buscaban huellas de auto y los pasos se perdían en algún rincón. El hallazgo de una lata de cerveza, embarrada de sangre dio más notoriedad, el pueblo ahora se veía asediado por periodistas y curiosos, pagando éstos por albergarse en las mejorcitas casas del vecindario. En el "Hotel Rosa" y la "Posada del Gallego", no había vacantes.

La joven ensangrentada, tal como apareció de misteriosa, salió después de una buena intervención quirúrgica y cuidados excelentes, por parte del médico y la enfermera.

Las noticias escuchadas, dejaron atónitos a grandes y chicos: la muchacha era hija de un *rico Industrial*.

Ahora, había tema para matar el aburrimiento en las noches. Los niños eran elogiados, no los regañaron por su desobediencia, al ir más allá del jardín de la casona. Y el perro del pueblo lucía una cinta con medalla de lata, hecha por los niños. Haciéndose famosos.

Pasado un año comenzó la limpieza y desmantelamiento de la casona de Doña Ramona. "La Prensa", único periódico del lugar, anunció que en sus predios se erigiría una escuela pública, con el nombre de Emely, costeada por algún adinerado de la Ciudad. El Alcalde mandó colocar un letrero lumínico a la entrada del poblado, con el nombre del mismo, ya olvidado por sus parroquianos. "Celeste" se llamaba este lugar donde comenzaba aclararse la vida de tantos pobres, después de los sucesos acaecidos.

Se organizó una fiesta, se engalanó la plazoleta, para festejar la inauguración de la escuela y el letrero del pueblo. Todo era música, alegría y comida. Tanto alboroto sirvió para que pasara inadvertido un auto negro, estacionado al fondo de la Iglesia. De él bajó una grácil mujer, de andar ligero vestida de negro, muy moderno y sencillo su atuendo. Con las llaves del auto en su mano, entró a la Iglesia por la puerta lateral que daba a la sacristía. Allí estaba como siempre, el bueno y querido por todos, Tristán.

La dama de negro y el párroco sostuvieron una conversación por más de quince minutos, resultó un monólogo de ella. Era una confesión estudiada. Las palabras salían de su boca mirando fijamente aquellos ojos bondadosos que, por respuesta emitieron lágrimas.

Él miró al cielo y dijo:

-Gracias Señor.

Ella depositó un beso en su mejilla y salió presurosa.

Alguien los observaba, salió tras la muchacha y tomándola por sorpresa la llamó:

-¡Emely!

-¿Quién me llama? ¿Cómo sabe quién soy?

-Yo. ¿No me recuerdas?

Emily se sorprendió, él abrió la puerta del coche, la ayudó a sentarse y dijo muy bajo:

-Hablemos.

Era Gustavo, el médico del pueblo quien había escuchado en la sacristía que ella es hija del sacerdote.

Transcurridos seis meses de la fiesta en el pueblo, era hora que Gustavo hablara con Tristán.

-Padre Tristán, me caso y quiero oficie mi boda.

-No sabía tuvieras novia. ¿Quién es?

-Llegará mañana, lo invito a comer en mi casa.

Tocó Tristán en la puerta de Gustavo, como era su costumbre, tres golpes leves con los nudillos. Se abrió la misma y un exquisito olor a carne asada le golpeó la cara, sonrió, tomó asiento donde siempre, en un sillón gemelo al suyo, regalo de Gustavo.

-¿Y tu novia, dónde está?

-Ya viene.

Tristán, al ver a Emely frente a él, no sabía si reír o preguntar algo. Ella se acercó, lo besó, mientras el galeno los observaba.

Emely, contó lo ocurrido aquella noche de la fiesta: Gustavo estaba en la sacristía, supo todo acerca de ellos. La siguió al carro, conversaron ese día y muchos más en la Ciudad, donde manifestó se había enamorado mientras se recuperaba hospitalizada. Las visitas se hicieron seguidas y dieron tiempo a que terminara el juicio por su atentado, para comprometerse.

Tristán, mirando a Gustavo, dijo:

-Me hicieron creer que ese embarazo se había perdido, además de perder a la mujer amada.

-Lo se Tristán. Emely, me contó como en el lecho de muerte, su madre le pidió perdón y dijo la verdad. Por dinero se casó con el *rico Industrial*, el cual la maltrató siempre al ver el parecido de Emely contigo.

-Nunca pude quererlo, me miraba con desprecio, sólo obtenía bienes materiales de él, no cariño. Ese señor quería ocultar el engaño de mi mamá por miedo al descrédito y la burla de sus enemigos que tiene bastantes. Cuando ella murió traté de escapar de la casa, pero me vigilaba, hasta que lo logré o lo creí. El permitió me fugara para mandarme matar, cerca de ti.

Gustavo intervino para aliviar la tensión:

-Todo eso quedó atrás. Haremos una familia, nos casaremos y para arreglar tu parecido con Tristán, diremos eres hija de una prima suya.

-¿Y el Industrial, qué hará al respecto? Preguntó el sacerdote.

-Está preso, todo se ha hecho con la mayor discreción, dada la situación política de él. Pagó dinero para silenciar a muchos, vigilar a los que quiere callar y poder salir cuanto antes de prisión.

-¿No te preocupa qué hará cuando salga de prisión? Dijo Gustavo.

-No. Todo está previsto, el Industrial no sabía que el fiscal es esposo de una medio hermana de mi mamá, es mi vida, por la de él. Todo se teje en la misma red de la araña.

Tristán deseaba terminar las aclaraciones y preguntó:

-¿Quién cocinó?

-Yo, dijo Emely con agrado.

-Pues a comer, deseo probar la sazón de mi prima.

Ella, miró con ternura a su verdadero padre que se dejaría querer, como soñaba hacerlo y preguntó:

-¿Por qué te dicen Tristán, si tu nombre es Emilio o acaso te identificas con "Tristán e Isolda"?

Gustavo, conocedor de la leyenda, comprendió la preocupación de su novia y contestó rápido:

-No, no es por esa bella obra. Sino porque siempre, hasta hoy, estaba triste.

El Solitario Pat

"...con soledad entre la gente verse y de la soledad
acompañarse..."

Francisco de Quevedo

Hace algún tiempo, tuvimos de vecino a un anciano americano, le calculábamos más de ochenta años. Sólo él y sus tres famélicos perros eran los moradores en su maltrecha casa, ni luz eléctrica tenía. Se sentaba algunas veces a la sombra de un frondoso árbol de mangos en su patio, conversaba con los animalitos y les daba de comer mangos o productos enlatados, lo mismo que él.

Nuestros patios estaban separados por una cerca de alambres, veíamos su actividad que nos desagradaba, por lo sucio que los cuatro estaban y si los perros hacían pipi, él también. Por tanto cuando yo veía que salía con sus mascotas, entraba rápido a mi casa. Tuvimos que fumigar nuestros alrededores para que no llegaran las garrapatas que observamos subiendo sus paredes.

Al otro lado de Pat, vivía un matrimonio joven que no hablaba inglés, eso no impedía que Pat se comunicara con ellos aunque no sabía español, sólo tenían que mostrarle una cerveza. Después continuaban hablando por señas, mientras le dieran cerveza.

Un día de cada mes, lo visitaba un hijo que residía en otro estado, no entraba a la casa por la peste, se quedaba en el pequeño portal y le entregaba comida y jugos en latas o plástico. Supimos que Pat era sobreviviente de cáncer y nunca quiso irse a vivir con él, no quería dejar sus perros, ni su casa, sólo salía hasta el buzón de la correspondencia, todo lo que recibía era propaganda. Saludaba a la señora americana de enfrente su casa que también vigilaba al cartero, intercambiaban unas palabras y de nuevo se encerraba.

Un sábado, comenzaron a llegar policías, bomberos y paramédicos a la casa de Pat, también su hijo, quien nos contó que la vecina americana al darse cuenta que hacía tres días no lo veía, se llegó hasta la casa, tocó fuerte en la puerta, sólo contestaban los perros ladrando lastimeramente. Entonces bordeó la casa dando golpes en las ventanas, hasta que escuchó un quejido del solitario Pat. Marcó el número de auxilio y los bomberos rompieron la puerta, encontrándoselo acostado en su cama con los perros.

Lo sacaron en camilla, tapado y fumigaban al paso de él hasta la ambulancia. Los hombres que lo trasladaban vestían de color verde, con tapabocas y capuchas transparentes, los demás se mantenían alejados. Después que se lo llevaron, fumigaron toda la propiedad y los alrededores de la misma, pusieron cintas amarillas, las que se mantuvieron hasta pasado un mes que llegó el hijo a sacar todo del interior y lo montó en un camión de recogida de escombros. Nosotros no lo vimos, nos contó el vecino, también nos informó que el viejo Pat había fallecido y que la casa sería vendida.

Han pasado tres años de estos acontecimientos, la casa de Pat tiene nuevos dueños, han realizado cambios extraordinarios y debido a lo bonita que está, encontré una señora parada en la acera, mirándola. Al verme dijo:

-Como ha cambiado la casa ¿Verdad?

- Si, ha sido para bien. ¿Vive usted cerca?

Contestó que sólo visitaba un familiar, de la esquina frente a mi casa. Pero conocía al señor que fue dueño, lo atendió como enfermera del hospital en que él estuvo ingresado años atrás. Asentí que el viejo Pat padecía de cáncer. Y ella frunciendo el ceño, replicó:

-No. Él tuvo cáncer hace muchos años.

-¿A qué se refiere? Inquirí.

Y aquella señora, en pocas palabras me comunicó que nuestro solitario vecino, llegó al hospital con la hemoglobina muy baja, horriblemente picado por las garrapatas y chinches. Falleció al día siguiente. Lo mataron los insectos.

Desahogo

"...las torturas son como fueron...y diríase que todo sucede
a la vuelta de la esquina..."

Wislawa Szymborska

La atormentaba el recuerdo de la casa en la colina, con su capa blanca de nubes, contrastando con el techo de tejas rojas y grandes ventanas de cristal. En la entrada hacia el jardín, dos columnas de piedra en forma de torre y en la puerta principal un alfil de bronce.

La Doña, no pudo más aquel día y contó lo que en su pecho bullía.

-Siéntate. Le dijo a la silenciosa persona que la cuidaba, preparaba su desayuno y comida cada día, poniendo a un lado el periódico y al otro las pastillas, para calmar su tensión y que no subiera el azúcar.

Y repitió: -Siéntate cerca para que veas mis ojos y adivines si algo se me traba dentro.

Entre pedacitos de pan tostado y pequeños sorbos de café con leche, dijo:

-Mi hermano, experto en mover caballos, alfiles y peones, enseñado por mi padre, rey del ajedrez, quedó solo en esa tierra, donde jugamos de niños y éramos tan felices.

La muchacha, miraba asombrada como la Doña hacía un esfuerzo por no llorar, pero las lágrimas brotaron. Dejó de comer, secó sus mejillas y continuó:

-Quedó allí, como un preso sin rejas ni uniforme. No lo dejaban salir del país, no le permitían participar en eventos de ajedrez dentro ni fuera del país. Para ganarse la vida, trabajaba en una carnicería.

-Doña, se ha puesto mal, está roja, no hable por favor. Me cuenta otro día.

-Tiene que ser ahora. Anoche soñé con él, como tantas veces me sucede y tengo que desahogarme, o será peor. Nunca lo hice con ajenos a la familia, hoy no puedo esperar a que mis hijas vengan. Usted me ha demostrado tener sensibilidad y he observado como se emociona viendo los programas de ballet que hemos disfrutado juntas. Se que me entenderá.

Gracias, por confiar en mi, Doña. Permítame preguntarle:

-¿Cómo pudo usted salir de su país? Dijo, recogiendo los restos del desayuno.

-Con el apellido americano de mi esposo, ese fue mi salvoconducto. Y agregó, señalando un mueble:

-Abre la gaveta de la izquierda por favor y alcánzame el paquete amarillo grande.

Con ansiedad lo abrió la Doña, extrayendo unas fotos.

-Mira, le mostraba a la muchacha fotos de la familia en la casa de la colina y la invitaba a sentarse nuevamente. Separó las del hermano, explicándole que las había recibido por mediación de amigos de ambos, siendo el único contacto que mantuvo con él hasta que murió.

La joven, tratando de suavizar la conversación, señaló una foto donde el hermano lucía muy bien vistiendo un traje muy elegante y comentó:

-Era alto y vestía bien.

Y respondió la señora con tristeza:

-Esa ropa se la entregaba el gobierno cuando necesitaba que él asistiera a eventos en que participaban ajedrecistas de otros países que pedían conocer al hijo del Campeón Mundial de Ajedrez cubano, luego cuando terminaba la actividad, lo trasladaban a su casa y tenía que devolver la ropa que había usado.

Este dato impresionó a la muchacha, nunca lo hubiese imaginado. Y la Doña, recogiendo sus recuerdos como si fuera algo muy delicado presto a romperse, tal como estaba el corazón de ella en ese momento, dijo levantándose con la ayuda del bastón:

-¡Eso que le hicieron, fue una tortura para él y, para mi lo sigue siendo todavía!

El Premio

"La cosa más espantosa es: una hoja de papel en blanco".
Ernest Hemingway

Allá en mi tierra, hacíamos una tertulia el último domingo de cada mes, las parejas del Equipo de Matrimonios de la Iglesia, del cual yo era la responsable, dirigidos por el padre Xavier, quien nos contagiaba con su entusiasmo. Veíamos películas que comentábamos, compartíamos lecturas educativas y hacíamos rifas.

Cada matrimonio aportaba algo de comer para amenizar la actividad; galletas, ensalada, dulce y refresco instantáneo, porque las croquetas de pescado las llevaba siempre Enrique. Era una reunión esperada con alegría, salíamos de la rutina.

Un día, el sacerdote se presentó a la reunión con lápices y hojas. Explicó:

-Hoy tendremos un concurso y aquí en este paquetico, tengo el premio.

Quisimos saber y por respuesta nos fue situando por matrimonios, en distintos lugares del salón, apartados unos de otros, no muy lejos de él. Dándonos un lápiz y una hoja para cada pareja.

Debíamos hacer un cuento o relato con título, del tema que deseáramos sin poner nuestro nombre en la hoja. En veinte minutos él las recogería de la mesita, donde serían puestas a medida que fuéramos terminando nuestro trabajo. Mientras, él leía «llevaba siempre consigo un libro».

Mi esposo, por supuesto me dejó esa terea con la excusa de siempre:

-Mi amor, te gusta hacer cuentos, hazlo tu.

Y me dispuse a escribir como si le estuviese contando a una amiga, mi último viaje a España. Imaginario por supuesto, gracias a la lectura de maravillosos libros prestados.

Fue breve mi escrito, corto el tiempo y la hoja. Expuse mi viaje por España, en particular a Madrid, contando como había disfrutado pasear por La Gran Vía. Cinco minutos después del tiempo otorgado, apareció el padre Xavier.

Recogiendo las hojitas, se dispuso a leerlas muy cerca de nosotros. Se incorporó al grupo terminada su labor de revisión y dio cuenta del platico que le preparamos con las chucherías de costumbre. Nos sentamos en círculo para escuchar el veredicto. Poniéndose los espejuelos y sacando de un libro las hojas escritas por los concursantes, escogió una que tenía marcada en color rojo con una X. Y dijo:

-Voy a leer el título. El autor del trabajo se identifica… mejor se lo entrego para que lo lea en voz alta.

-Se titula "Mi Viaje a España".

-¡Es mío! Grité con alegría.

Hasta mi esposo se asombró, pues mientras yo escribía se había puesto a conversar bajito con otro señor del grupo que también legó el trabajo a su esposa.

Leí el mini cuento, todos aplaudieron y me felicitaron. El sacerdote entregándome el regalito preguntó:

-¿Cuándo fuiste a España?

-Nunca he viajado, padre. No soy del P.C. ni dirigente.

Comenzaron a reír y pidieron enseñara el obsequio. Lo cual hice con mucho gusto, yo estaba tan intrigada como los demás.

Lo abrí despacio. Feliz saqué del cartuchito, un jabón Camay, con un olor riquísimo que llenó el lugar y fuimos pasándolo, de mano en mano, o más bien acariciándolo para quedarnos con su fragancia.

Yo estaba radiante, un jabón para las cuatro personas en la casa, solo duraría unos días, pero algo es algo. Lo pensé mejor y decidí dejárselo a nuestras dos hijas para que lo disfrutaran. Mi esposo y yo lo conocíamos, pero ellas no.

Algunos del grupo recordaban su perfume, otros ni siquiera conocían el nombre, por lo que estaban encantados con la envoltura del mismo. Le di las gracias al padre por la atención y marché con mi trofeo oliéndolo por todo el camino, con un poco de miedo, pues mi esposo susurró a mi oído.

-Deja ya de olerlo, lo vas a gastar.

Ernesto

"Cuando le gusta a uno la gente y presta oído a sus
cuitas…nacen palabras como flores…"
Phil Bosmans

Viajaba en un ómnibus de la línea "Veloz" que se desplazaba raudo, haciendo gala del nombre en el letrero del mismo.

Advertí una bella joven que llevaba un bebé en brazos, con ojos azules y pelo tan rubio como la madre que lo amamantaba. Iba sola, cargada de paquetes que otros pasajeros le sostenían, los que ayudé a bajar al percatarme se quedaba en mi destino.

Me encantaba su rostro y su ternura con el hijo. La invité a tomar un café, aceptó de inmediato. Devoró en un instante las tostadas que acompañaban el sabroso néctar, sin dejar de alimentar a su niño. Me dio las gracias repetidas veces, se puso en pie y dispuesto a cargarle los paquetes nuevamente, me presenté:

-Me llamo Ernesto. ¿Puedo tutearte?

-Si, somos jóvenes, me llamo Dagmara.

-¿Dagmara? Igual que la actriz de la película "El Conde de Montecristo".

Ella, mientras caminaba me contaba que había leído el libro y visto la película. Pero desconocía que la artista se llamara así. Acurrucaba a su bebé y dijo:

-¿Te gusta mi nombre?

-Mucho, es bonito, no común. Ella desciende de polacos y me gustó tanto la película que la he visto varias veces.

Contesté, apresurándome para ir al lado de ella. Tanto paquete yo cargaba que no podía seguirla, parecía ansiosa por llegar.

Y continué:

-¿Vas muy lejos?

-Es cerca, voy a casa de mi madre. No espera mi llegada ni que tengo un hijo.

Quedé impactado con la respuesta lastimera de sus bellos labios y sin quitar la vista de ellos, me repuse y la seguí, agregando:

-Te acompaño, no puedes con tantas cosas y el niño.

-Gracias Ernesto. Tu nombre me recuerda buenos momentos vividos en Buenos Aires.

No perdí tiempo para conocer más de su vida:

-¿Vienes de allá?

-Si, hice modelaje. En una oportunidad tuve de escenario la obra "Saturliana" del escultor italiano Ernesto Biondi.

-Que interesante. Ahora a visitar la familia y…

No me dejó terminar la frase. Detuvo su andar delante de una puerta igual a la de tantas en el pueblo y escuché un melodioso, gracias, seguida de una petición que yo no esperaba tan rápido:

-Por favor, pon mis cosas en el suelo. Eres muy amable, no se como me recibirán. Es mejor que te marches.

Le di mi tarjeta que miró con avidez y me brindé para fotografiar al niño. Le pedí me llamara y aceptó, asegurándolo con una sonrisa, por lo que añadí:

-A la madre del niño también…

Ella sin dejar de sonreír asintió y acomodando el niño en su pecho se volteó. Me retiré despacio, sentí los toques de la aldaba, no miré hacia atrás.

Anduve las pocas cuadras que me separaban de la casa de mi madre, la que volvía a ser mía después de mi divorcio. Di rienda suelta a los pensamientos, convirtiéndolos en un gran soliloquio del alma deseosa que, toda imaginación fuese real en un abrir y cerrar de ojos:

…"Creo puedo hacer una buena amistad con ella… o algo más que eso…el niño es lo mejor de todo, yo no puedo tener hijos. ¿Será soltera? ¿Divorciada?... aceptó la invitación, se veía tenía hambre. Y… ¿Qué le habrá dicho la madre?... Por lo pronto le caí bien, lo vi en su huidiza mirada".

Mientras, detrás de la puerta se escucharon sollozos de dolor, ternura y perdón por un tiempo de olvido al que hay que ganarle, para vivir intensamente el presente, dando amor hasta reventar los sentidos.

Uniendo su imaginación con la llegada a su casa, Ernesto besaba a su madre con una alegría que ella no esperaba y sin dejar de pensar…

"Supongo me llame mañana, u otro día y… si no lo hace toco la aldaba, para ver los ojos que serán el mar en calma de mis días tranquilos".

Joan el Zapatero

"Todas las cosas parecen imposibles, mientras lo parecen".
Concepción Arenal

Cerca de mi casa, "Joan el Zapatero", como todos lo conocen, ya no recordamos su verdadero nombre, tiene una tienda donde repara y vende zapatos. Una empleada le ayuda en el negocio, algunos días de la semana.

Joan pasa los sesenta años, solterón, de muy buen vestir, un poco cascarrabias pero muy ágil y respetuoso.

He podido observarlo, jamás esboza una sonrisa, su mirada es ceñuda, habla entre dientes queriendo terminar rápido, pero educado, siempre tratando bien al cliente y es curioso, aunque esté trabajando le gusta asomarse si suena la campanilla de la puerta principal.

Trabaja muy bien, estoy complacida con los arreglos realizados a mis sandalias, por tanto mi amiga Jordi, decidió dejarle un par de zapatos. Me encargó recogerlos el día que señalaba el recibo de pagado, tenía que viajar por asuntos de trabajo y demoraría, acepté con gusto ayudarla.

En varias ocasiones he ido por el pedido de mi amiga y encuentro en la tienda un letrero que reza:

"Salí a comer, regreso en veinte minutos"

La primera vez, esperé veinte y cinco minutos infructuosos, decidí regresar el siguiente día, no pude salir de casa, llovió a cantaros.

En un segundo intento de buscar los zapatos, me encontré con el mismo letrero. Pasaron dos días y tampoco pude, aumentaron las lluvias por un ciclón llamado Irene.

Antes de realizar otro intento, pregunté a la empleada a qué hora comía Joan, muy atenta contestó mi llamada:

-Lo hace cuando quiere y de paso me encarga recoger algún material en otra tienda o me dice que tome el tiempo de almuerzo en ese momento. Le gusta quedarse solo, es muy cascarrabias.

La próxima visita, por decirlo de alguna manera, decidí hacerla a las cinco y cuarto de la tarde. El horario de cerrar era a las seis. Otra vez encontré la tienda cerrada ¡No lo podía creer! Las luces estaban encendidas. Probé de nuevo, halé la manija, nada. No me di por vencida y llamé por teléfono, me contestó una boca ocupada:

-¡Estoy comiendo, mire el letrero en la puerta!

Y colgó.

No había letrero, se le olvidó ponerlo. Decidí esperar que terminara de comer y fui al mercadito situado en la misma acera, a sólo tres comercios de Joan. No iba a perder mi viaje.

Necesitaba pan y dos cositas más. Mientras las tomaba, escuché la gritería de un señor mayor, preguntaba por su esposa, trabajadora de ese lugar, las empleadas no sabían donde estaba. Se marchó muy molesto, mientras todos se miraban maliciosamente.

Estaba en la caja pagando mis compras, apareció por la parte de atrás del comercio una señora muy apurada, riendo a carcajadas. Se peinaba y saludaba dirigiéndose al mostrador donde le dijeron casi a coro:

-¡Irene, tu esposo vino!

-No le habrán dicho fui a llevarle pan con jamón a un cliente. Contestó riendo, abrió la caja de zapatos que traía en sus manos y comenzó a enseñarlos.

Apresurada para que me diera tiempo recoger mi objetivo, tropecé con una vecina y perdí unos minutos en el intercambio de saludos.

Llegué a la zapatería, pasaban cinco minutos de las seis. Pero Joan estaba recostado al mostrador plácidamente, su ayudante no se encontraba y le entregué el comprobante. Fui atendida muy bien. Y sorprendida, vi que él, se estaba comiendo un pan con jamón. La envoltura era igual a la del pan con jamón que se me antojó comprar.

Se aclaró mi mente, supe no había casualidad. No era un arreglo de zapatos. Recordé que la cajera preguntó a Irene:

-¿De qué color son los zapatos del intercambio de mercancía de hoy?

Salí rapidito de la zapatería pensando… Joan no es tan cascarrabias.

¡Después que pasa el ciclón!

La Maestra

"La maldad no es algo sobrehumano, es algo menos que humano".

Agatha Christie

Último día de trabajo, temprano en la mañana caminaba Lily hacia la calle final del barrio, tomaría el ómnibus hasta la próxima ciudad, donde imparte clases de Literatura.

Ella, no deseaba leer como siempre en los diez minutos de viaje, los viernes disfrutaba del paisaje campestre, ya conocido.

Llegando a la siguiente parada, le llamó la atención un hombre de baja estatura que, salía de una arboleda, cuyo sendero daba al lago "Patriarca", el más grande y profundo del lugar. Caminaba con dificultad, pero no cojeaba. Aprovechó la corta estadía para mirar por el cristal trasero, el hombrecito montaba un caballo tan negro como la ropa, gorra y gafas que usaba.

Al pasar el lunes por el bello paraje del lago, vio cintas amarillas impidiendo el paso, dos carros de policía, uno de bomberos y algunos curiosos de los alrededores. Los de siempre que subieron al transporte, contaron asombrados que "alguien se había ahogado".

En la cafetería de la escuela, se comentaba el hallazgo del cadáver de una mujer, propietaria de una finca. Y los noticieros comenzaron a pedir ayuda a la población, para esclarecer lo ocurrido. Lily, pensó en el hombrecito de negro y por qué le llamaba la atención su atavío.

-Buenas, por favor con el inspector Rafael Rodríguez, dijo a la empleada sonriendo.

La pasaron a una oficina. Tras el cariñoso saludo, él preguntó:

-¿Qué te trae por acá?

-La noticia del "Patriarca". Hay algo que deseo contarte.

Narró lo visto tres días antes. Detalló el personaje vestido de negro y Rodríguez, pidió lo repitiera despacio. Porqué consideraba, le costaba trabajo caminar a esa persona.

-Mmm. Puede que estuviera cansado. Además, daba la impresión que le quedaba grande la ropa, aunque a la distancia que lo vi no puedo asegurarlo. Argumentó Lily.

-Confío en tus datos, querida prima. Tus lecturas detectivescas y de misterio, te hacen descubrir al asesino o ladrón antes de terminar el libro. ¿Y dices se marchó en un caballo negro?

-Si a pelo, no tenía montura, me doy cuenta ahora. Cuando cruzó al lado opuesto de la carretera, creo...se sujetaba de la crin del caballo.

-Prima, eres muy observadora, si no te hubiera gustado tanto la literatura, hubieras sido una buena detective.

Quedó solo Rodríguez y pensó: "Esto da luz al caso".

A las dos semanas de la visita de Lily, las noticias dejaban saber que la mujer murió por un golpe contundente en la cabeza y fue arrojada al agua.

Lily, queriendo conocer más del caso, decidió llamar a su primo.

-Hola Rafael. ¿Fue útil mi información?

-Por supuesto. El caballo negro, nos llevó a la única finca que los posee, son tres, bellos. Ahora se investiga cual y quién pudo haberlo utilizado. Supongo que la familia de la víctima sabe más sobre su vida, no se niegan a conversar con los investigadores, pero uno de ellos habla con reticencia y es huidiza su mirada.

-Está de más preguntar. Es considerado el caso un crimen pasional ¿Verdad?

-Hasta ahora si. No hay robo, seguimos investigando.

-Primo. ¿Cómo es la estatura de la mujer?

-Pequeña y muy delgada.

-¿Y qué hay de las huellas en el lugar?

-No se han encontrado, porque el área fue limpiada con ramas, allí quedaron como testigo. Mañana está prevista otra visita al lugar. Intuyo que tu olfato femenino está indicando pensar en que alguien más está involucrado.

-Puede ser. La mujer es, bueno era, delgada y pequeña. ¿Por qué el hombre, aunque de baja estatura, pudiera estar cansado al arrojarla al lago?

-Magnífica idea Lily. Avísale a tía, pronto las visitaré. Te dejo, me llaman por otra línea.

Las noticias sobre el caso, único en el lugar según los anales policíacos, dicen que ya existe un sospechoso. Por tanto, todos en vilo esperan el próximo noticiero, entre ellos Lily y su madre.

La conversación de Lily con su primo en la visita realizada por él a la familia, no satisfizo su curiosidad. Como buen investigador sólo dio a conocer que el detenido como presunto asesino, es empleado de la finca donde se encontraban dichos caballos, el hombre no tiene coartada comprobada.

El domingo Lily y su madre salieron a distraerse y al pasar por el lago desviaron su ruta, entraron a los predios del mismo, buscaron un banco sombreado por los pinos.

-Lily, dijo la madre, mira aquel grupo como se divierte echando al agua a quien se le cae la pelota. Eso me trae buenos recuerdos.

Lily no escuchaba, estaba absorta contemplando otro grupo que sentados a corta distancia, sostenían una conversación un poco alterada. Las voces no llegaban hasta ella con claridad, sí los ademanes bruscos de la persona que se encontraba de espalda. Los otros tres jóvenes se pusieron en pie para marcharse, no permitiéndoselo quien además de gesticular, levantándose, sujetó a uno de los muchachos y le gritaba:

-Debes quedarte calladito, eso que dices, es tu hipótesis.

Miró a los demás, dijo algo bajando el tono y, dejándolos se fue, pasando por delante de Lily, quien no perdió un solo detalle de cada uno de los cuatro jóvenes, especialmente de quien se marchaba.

-Primo, me alegro atiendas la llamada. Hoy descansas, tengo una idea…

- Dímela Miss Marple, tus ideas siempre son oportunas.

-¿Por qué no buscas una mujer como sospechosa?

-Lily, estás echando abajo la teoría de un caso pasional.

-No, si la víctima fue muerta por la novia de su amante.

-Ahora entiendo. Prima, tienes olfato de sabueso. ¿Cómo llegaste a esa conclusión?

-Te digo en una hora, ven a la cafetería de costumbre.

Y Lily relató lo visto, sin omitir detalles. Escuchada con mucha atención.

-¿Qué te impulsó a pensar es mujer el asesino? Pregunta Rodríguez.

-La persona que pasó por delante de mi en la playa, tiene todas las características corporales del hombrecito del

"Patriarca". Con gafas negras, sin ropa negra, ahora con sombrero y es mujer. Por tanto, la seguí hasta el parqueo, se marchó muy rápido. Tomé mi cámara fotográfica del carro, me dio tiempo sacarle fotos a los tres jóvenes que salieron tras ella, donde aparece la placa del auto en que se fueron.

Pasaron dos días, Lily aguardaba por Rafael en su casa, quien no se hace esperar y con ojos intrigantes que bien conoce Lily, trae noticias.

-Lily, serás la primera en conocer la solución a este caso, antes que las noticias en TV, los diarios etc. Tu aporte ha sido fundamental. Tendré que seguir diciéndote Miss Marple.

-Me tienes en ascuas.

-Calma. Los jóvenes que viste, son familia del sospechoso, fueron interrogados y uno de ellos era el amante oculto que tenía la finada. El donjuanesco, es quien discutía con tu enigmático personaje, la había visto tomar el caballo. Se lo permitió creyendo que se lo había prestado su tío, otra vez.

El padre de este muchacho, al enterarse que fuimos a buscar a su hijo, se presentó y colaboró con nosotros. Nos contó lo que el joven ocultaba.

-¡Claro! Dijo Lily, dándose cuenta de la infidelidad. El muchacho era novio de la asesina y amante de la asesinada.

-Si Lily, eso contó el padre.

-Por tanto, la novia se enteró y mató a la amante, por celos. Concluyó Lily.

-Si, prima, la mató. Pero el móvil es otro.

-¿Hay una cuarta persona involucrada? Dice ella ansiosa.

-No. Es un triángulo, imperfecto. El hombrecito de negro, como la llamas, fue detenida e investigada. Todo, hasta ella misma declara ser la asesina. Se presentaron los cargos.

Lily, pregunta:

-Entonces ¿Qué más pasa?

-Sucede lo siguiente: La acusada, vigilaba a la amante del muchacho. Ese día, vio cuando su víctima salió en bicicleta al lago, como acostumbraba hacer bien temprano para estudiar. Tomó el caballo y lo demás lo sabes.

Lily, lo interrumpió:

-¿Y la bicicleta?

-La tiró al fondo del lago. Hizo muchas cosas ella sola y muy apurada, por eso la viste caminar cansada.

-Ahora, viene la parte que ninguno sabe. Continúa Rafael:

-Me faltaba interrogar al primo de la occisa, el que se mostraba muy parco al hablar, él tenía que conocer algo más y pudiera darme alguna explicación. Mi intuición me lo decía. Lo cité, fue sincero y dijo:

-Lo que guardo es puramente familiar, le prometí a mi prima en vida que nunca lo diría. Ahora usted tiene a su asesina, la justicia se encargará de ella.

-Lily, sus palabras me confirmaron que necesitaba conocer ese secreto de familia. Interrogué de nuevo a la acusada haciéndome que conocía "un secreto". Cuando le mencioné mi conversación con el familiar en cuestión, habló sínicamente:

-¿El primo rompió el pacto con la muerta traidora? Bien, ya lo sabes. Ella y yo "éramos pareja", mi novio no me interesaba. Ella sí y terminó conmigo. Quería que me alejara para hacer pública su relación con ese galán amoroso que compartíamos.

-Yo la quería para mi. No soportaba verlos juntos, por eso la maté. Ahora no la tengo, pero él tampoco.

Se hizo un silencio elocuente.

Técnicas Modernas

"Mientras más nos acercamos al peligro, tanto más claramente comienza a destellar el camino hacia lo salvador..."

Martin Heidegger

El viento, denso. El auto a gran velocidad junto con los pensamientos y el corazón queriendo salir del pecho para llegar un día antes. Por fin divisó el camino vecinal.

Llegó a casa amaneciendo. Ella lo esperaba, abrió la puerta, sus ojos se besaron y el abrazo fue tan fuerte que cada punto del cuerpo se reconoció. Unieron sus labios, después sonrieron, sabían qué hacer.

Él miró su reloj pulsera, colocó el maletín sobre la mesa del comedor y comenzó a guardar todos los documentos de importancia que ella había recogido.

Dos pequeñas maletas para un largo viaje, levantaron del suelo, observando cada rincón con detenimiento.

Salieron de la casa saboreando cada paso. Fijando en sus pupilas tantos recuerdos.

Sonó la campanilla de la puerta, él dijo:

-No mires para atrás, derecho al auto.

-Tu voz...me gusta. ¡Y así me encantas! Dijo ella muy bajo, para que no la escuchara el rocío de la mañana, único vecino a una milla a la redonda.

Despacio, se fueron alejando por última vez de aquel camino.

Volvió a mirar el reloj, ella sacó de la guantera del coche una cajita, quitó la tapa y apretó un botón.

Los dos se voltearon, unieron sus manos fuertemente.

En silencio, vieron a lo lejos como se derrumbó la casona de dos plantas, levantando la polvareda esperada, sin ruido, gracias a la tecnología moderna. Ahora sólo quedaba, el recuerdo sonoro de la campanilla.

Al día siguiente, en los titulares de los diarios, apareció la noticia:

"TESTIGO DE LA FISCALÍA DEL CASO X, HA DESAPARECIDO"

Dos días después los diarios comentan:

El afamado Dr. Carlos Pilsa, especialista en cirugía estética, fue visto en público con su cuñada y hermano jimagua, en un restaurante de la ciudad celebrando el Aniversario de Bodas de los mismos, un mes antes de la desaparición de la pareja, declaró que: "no los he vuelto a ver desde entonces".

Manifestó: "La familia está desconcertada, con un gran pesar, suponíamos se encontraban en su casa de campo, como acostumbraban por estas fechas".

Cinco días después las noticias de los diarios y TV son ampliadas:

"El caso X presenta elementos según la policía, para sospechar que el matrimonio ha sido secuestrado o asesinado. Se encontraron cartas en su apartamento, prometiendo grandes sumas de dinero si no testificaban y amenazándolos de muerte si no accedían a dichas peticiones".

Ha pasado otro mes y a la oficina del doctor Pilsa, llegan "cuentas por pagar" de un hospital fuera de la ciudad, donde el especialista realizara una cirugía estética meses atrás y como único dato adjunto: a un extranjero.

La secretaria mostrando el documento, dice:

-Doctor ¿A quién dirijo estas cuentas?

-Démelas. Las haré llegar a la persona interesada. Gracias.

Dos meses más tarde, algunos medios noticiosos anuncian que podrían declarar a la pareja como "desaparecidos". Otros dicen que pueden haber sido pulverizados, en la explosión de la casa al final del camino vecinal. Todo hasta el momento, es conjetura.

Ha pasado un año de investigaciones, sin encontrar señales de vida del matrimonio y aunque el caso no ha sido cerrado, es evidente que tanto las autoridades como la familia, los dan por desaparecidos.

La elegante puerta principal de la casa del cirujano, luce un lazo negro en su parte alta. En su interior dos chicos juegan animadamente, ajenos a cuanto ocurre. En la sala, sentados en cómodos butacones, el galeno y su esposa, brindan, atentos a las nefastas noticias y... con una mezcla de tristeza y alegría, él mirando la última foto que se tomara con su hermano, susurra:

-Ya no te me pareces.

-Los extrañamos. Cuídense.

La Condesa

"Dame Señor...que la mentira y la torpeza no puedan arrebatarme la sonrisa..."

Dulce María Loinaz

El investigador entró al apartamento sin ser visto. Pudo registrarlo a su modo y sentarse a contemplar cada pedazo de pared y rincón que la vista le ofrecía. Buscaba el mínimo detalle que su olfato de viejo sabueso le decía faltaba, para esclarecer el relato tan perfecto que le contaron, donde se omitió la pieza clave.

Con guantes y lupa hurgó en las gavetas del antiguo mueble, bella reliquia que la familia cargara consigo, su ahora dueño, otrora pertenencia de la abuela quien ostentaba un título de condesa. Leyó cada nota, carta o simple papel, guardándose en los bolsillos interiores de su abrigo, aquello que resultara de interés.

Al abrir el ropero, el olor a cosas viejas bien guardadas, otras al descubierto, le hizo retroceder. Tapó su boca y nariz con un pañuelo y comenzó a revisar. Llamó su atención un periódico reciente que sobresalía del bolsillo de un chaleco muy antiguo, lo tomó, quien lo puso deseaba que "alguien" lo hallara. Fue desechando papeles arrugados tirados por el suelo, metidos entre cajas de ropa vieja y zapatos rotos, no sin antes escudriñar la última letra de los mismos. Hasta que una receta de un medicamento común, lo llevó a maquinar cosas muy interesantes, ésta la puso en su billetera.

Los potes en la cocina, además de azúcar y sal, contenían sobres de medicina. Observando la fecha de la fórmula y de las medicinas, supo que su dueño no las tomaba mucho antes de su muerte.

Satisfecho, salió del lugar con la misma cautela que abordó el edificio, no sin antes recorrer nuevamente la ubicación de todo dentro del inmueble y palpándose el bolsillo donde guardaba la prescripción médica, preciado documento para él. Realizó una llamada telefónica y se dirigió al lugar de la cita acabada de establecer.

La joven, guiada por un mesero se acercó despacio, por la espalda del investigador, creyendo que él no se había percatado de su presencia y, habló:

-¿Qué encontró?

El investigador, no se inmutó y devolviéndole las llaves del apartamento, contestó con una pregunta:

-¿Qué la hace suponer que hallé algo?

-Su apremiante llamada. Sabe que necesito cualquier indicio demostrando el asesinato de mi padre, estoy segura de eso, él no se quitó la vida como dice la policía.

Contestó Línyerma, muy bajo. Sentándose, pidió al mesero le sirviera lo mismo que tomaba el señor.

-Si, está en lo cierto. Primero quiero conocer donde vacacionaba y pescaba su padre, el señor Scott, o... ¿Le llamamos, Pal?

-¿Dónde consiguió esos datos? Sorprendida, la joven preguntó tan rápido como el investigador supuso.

-En una carta escondida, de la abuela de su padre, se dirigía a él como Pal, y digo escondida porque estaba en un compartimiento oculto del armario. Además, fotos descoloridas mostrando la pesca efectuada y un zapato poco usado tenía residuos de arena. Quien limpió el lugar, no pensó que habría una investigación tan minuciosa.

-¿Limpiaron el apartamento de mi papá?

-Sí señorita, quisieron borrar las huellas. El escaso polvo en los muebles habla, demuestra que alguien más tiene una llave del inmueble.

Tomando papel y pluma, el investigador pide las direcciones donde el señor Scott acostumbraba pasear en el verano. Le informa a la muchacha no llame y no se acerque más a este lugar del encuentro. Alejándose de la mesa, como despedida dice:

-No me siga, espere diez minutos para hacerlo y no se preocupe si demoro semanas en comunicarme con usted.

-¿Comprende señorita?

Asintió ella terminando su café.

El sagaz investigador, quien antes de retirarse fuera el famoso inspector de policía Marlo, comprobó su sospecha, vigilaban a la hija del occiso, no a él, había despistado a cualquier interesado que estuviese espiando el edificio, donde aún estaban las pertenencias del padre de Línyerma. Para eso, cambió atuendo y alquiló una moto para su pesquisa, la cual devolvió a su dueño en un restaurante de comida rápida, mudando su ropa nuevamente y, tomando en el parqueo un auto previamente alquilado se dirigió al encuentro de la joven.

Ahora Marlo, observaba desde el auto la salida del hotel. Apareció la joven, complacida, había contratado a la persona correcta para la investigación. Absorta en sus pensamientos, no se percató que un auto comenzaba a seguirla y mucho menos que el investigador los seguía a los dos. Durante una semana se mantuvo el control a la muchacha y al apartamento del señor Scott, fuese visitado por la hija o no. Lo que hizo reflexionar a Marlo: "En el apartamento, hay algo de interés, no encontrado aún por el asesino".

Cuando cesaron de verificar cada paso de la muchacha, sólo permanecía apostado el hombre frente al edificio, el investigador Marlo, puso en marcha su plan.

El salón que daba acceso a las tres consultas, se encontraba abarrotado de personas mayores. Aparentemente ninguno estaba enfermo y Marlo tomó asiento entre dos señoras que le sonrieron amablemente. La enfermera lo llamó por el nombre falso que diera al pedir la cita por teléfono.

Llenó el formulario de rigor y lo pasaron a la doctora quien comenzó a interesarse por su salud, recomendándole medicamentos para los cuales le extendió las recetas correspondientes. Observó Marlo la firma y letra tan claras e hizo un comentario:

-Nunca había visto un médico con una letra tan bonita. Me ha recordado a mi amigo Scott, ya fallecido. Él siempre me hablaba de su doctora, claro, por la letra.

Quedó demudada la doctora al escuchar aquel nombre. Sin levantar el rostro se despidió de Marlo y por el intercomunicador pedía a la enfermera pasara otro paciente.

El investigador sentía que había conseguido alterar a esa persona, ahora era cuestión de tiempo para ver su reacción. Llegó al auto y se dispuso a esperar que la doctora terminara su trabajo. Era su día de suerte, un mensaje telefónico anunciaba que pronto tendría los documentos solicitados que le confirmarían la verdadera identidad de la falsa doctora.

No tuvo que esperar mucho, la vio dirigirse muy apurada a su auto y mientras la seguía llamó a la consulta y solicitó hablar con ella. Le contestaron que estaba enferma.

Descendió del auto la doctora, con premura, dejando el motor encendido y abrió la puerta de una casa que se encontraba a poca distancia de la consulta y cerca de un embarcadero. Marlo, anotó la dirección y fue a encontrarse con su amigo, antiguo compañero de la policía, quien le suministraba lo necesario para sus investigaciones particulares, como la vida de esta falsa doctora.

Leía y releía aquel expediente, bastante abultado. Estaba en lo cierto, esa mujer esbelta y de bellos trazos al escribir, no era doctora. Sí una buscada asesina profesional en su país natal. Las autoridades se encargarían de ella. Marlo comprobaba que detrás de esta mujer culta se escondía otra personalidad. Y de nuevo concertó una cita, muy diferente a las anteriores.

El investigador, creyó prudente poner al tanto de la situación a su cliente, sobre la detención de la doctora como supuesta asesina, sin entrar en los detalles, por el momento, tan horribles que llevaron a cabo una venganza. Decidió visitar a Línyerma en su casa, convencido que ya no corría peligro su vida. Contó lo que pudo, contestando las preguntas de la dolida hija, consolada solo por la satisfacción de saber que su padre no se había quitado la vida y que había un culpable detenido.

La fiscalía tenía que demostrar que el veneno de lento final que terminó con la vida del Sr. Scott. Fue suministrado en la consulta de la doctora, por ella y colocada la taza utilizada en la casa y mano de su paciente, después que él dejó de existir. Muchas de las pruebas que la policía tenía en su poder, para comprobar la culpabilidad de la acusada, habían sido aportadas por el investigador, gracias a sus visitas a la vivienda del difunto, de las cuales, su hija solo se enteró de una, por su propio bien y tranquilidad.

Las bellas rejas de la mansión se abrieron para Marlo, con solo pronunciar su nombre por el intercomunicador. El salón de siempre lo esperaba, con su amigo, el secretario del embajador, a quien Marlo había servido en varias pesquisas y solucionado casos de sumo interés para el país de donde provenía la falsa doctora y también la abuela duquesa del finado señor Scott. Diáfana comunicación llevó a los hombres a desentrañar muchas cosas referentes a la familia de la condesa. Documentos y un testamento, cerró la interesante y amena reunión que daría paso a la solución del caso abierto, el asesinato del padre de Línyerma.

No imaginaba la linda joven que sería sorprendida por el investigador, una vez más. Y tendría buenas noticias, de ciertos secretos familiares que le pertenecían en estos momentos. No dudó el investigador en contarle que era la heredera universal de su abuela la condesa, según constaba en el testamento de la finada. Y además heredaba el título de condesa por ser la única mujer nacida de su descendencia. Tuvo que explicarle por qué nunca pudo conocer a su familia en ese país, donde ahora tendría que viajar.

-Línyerma. Un hijo de tu abuela, el hermano mayor de tu padre, se casó con una mujer que tenía una hija, lo cual ocultaron a la familia. Se fueron a vivir muy lejos sin dejar rastro y no se comunicaron hasta pasados diez años, anunciando que llegaban con una niña de ocho años, la que inscribieron como hija de tu tío y con dos años menos. A la sazón de estos hechos, tu padre que se reveló a casarse con una muchacha escogida por tus abuelos paternos, salió del país y se instaló en éste, cambiándose el nombre. Aquí se casó con tu mamá, naciste y ella pudo estar con ustedes, como sabes, hasta cumplidos tus dieciocho años que falleció.

Tu padre, sin decirte se comunica con tu abuela y le cuenta de ti. La supuesta hija de tu tío, tenía entonces veintiocho años. No le gustó que apareciera alguien de un verdadero lazo consanguíneo con los abuelos, aunque estuvieras lejos. Era una mujer muy inteligente para los estudios y para la maldad, como su madre, lo demostró desde niña. Tu tío siempre fue un hombre de poco carácter y si volvió junto a tu abuela fue buscando vivir bien sin tener que trabajar. Tu falsa prima estudiaba medicina y no se graduó. Un día desaparecieron prendas, objetos valiosos y ella también, después que su madre falleciera. No supieron de la ladrona hasta que la policía la fue a buscar, acusada de un crimen, así comenzó su carrera delictiva la falsa doctora y asesina de tu padre.

No vaciló en venir por ti, quería hacerlo por mediación de tu padre, con quien mantenía relaciones amorosas, pero se dio cuenta que él sospechó, debido a que tu tío antes de morir se comunica con tu padre y le cuenta la verdad del nacimiento de su hija, acción que realizó porque tenía cargo de conciencia, deseaba ayudar en algo, para que se cuidaran de esa impostora, quien maldecía a la condesa y a la prima que se había atravesado en su camino, desde el otro lado del mundo, tampoco a él lo quería.

-Señor ¿Cómo consiguió todo lo que me cuenta? Dijo Línyerma.

-Por partes, algo en el apartamento de tu padre, otros datos con la policía, pero me puso en alerta un periódico en el ropero de tu papá. Estoy seguro que él, en medio de los dolores que sufría por el veneno, lo acomodó entre la ropa para que fuese encontrado. Supongo que su hermano lo envió, con el propósito que viera la foto de tu falsa prima en el diario y los detalles del asalto a una joyería con la banda que dirige. Lo demás, me lo proporcionaron en la embajada del país donde tienes derecho obtener tu título de condesa.

-¿Quisiera usted acompañarme a realizar todos esos trámites, señor Marlo?

-Cuando usted diga, señorita condesa.

Betsaida

"Si la amistad desapareciera de la vida, fuera lo mismo que se apagara el sol".

Marco Tulio Cicerón

Sonó el despertador anunciando que el rocío bañaba las flores. Tomé el espejo de la mesita de noche y observé mi rostro terso, suave, rosado. Sin acné que lo hacía lucir feo, propio para los motes y burlas propinados por aquellos agraciados de belleza.

Busqué a Betsaida por el cuarto. Su cama arreglada, todo en orden. Contenta como nunca, caminé hasta el baño llamándola con alegría, pero no la encontré allí. Vi mi cara nuevamente en el espejo del botiquín, no lo podía creer. Tenía que darle las gracias a mi buena compañera.

Mi cutis sin manchas me hacía bella. Esa mano amiga, puso la crema maravillosa que hizo el milagro. Ya no tengo que sufrir, se me quitarán los complejos.

Antes de entrar al aula debía verla. Pregunté por Betsaida en el primer piso. Fui al comedor, al patio, al jardín, recorrí el plantel ayudada por curiosos alumnos que, por el cambio de mi rostro quisieron seguirme. Ella no estaba en el Centro, los empleados del comedor no la habían visto desde el día anterior.

Pregunté en la oficina de la Directora del Plantel. Se asombraron, desconocían que esa alumna no se encontrara, ningún profesor había reportado su ausencia.

La escuela dio parte a la policía y comenzaron las investigaciones pertinentes. Sólo pude contarles que compartíamos el dormitorio y cuando yo despertaba al sentir luz en la habitación, ella me decía: "Sigue durmiendo, es noche todavía".

Después entre voces reconocía a Betsaida que me susurraba: "Esta crema te hará otra mujer, ya no se burlarán de ti". Este dato lo recordé y nunca lo supo la policía.

Práxedes, una señora muy amable, se presentó como psicóloga y me hizo una sola pregunta:

-¿Qué has soñado?

Vacilé, me desconcertó, pero tenía razón. Sueños extraños tuve, no les di importancia, ahora los veía bien claros. Contesté despacio, recreándome en lo que pasaba por mi mente.

-Soñaba que la habitación tomaba un color azuloso, se escuchaban sonidos, voces que no entendía.

Siempre era algo parecido, una sensación extraña, como si las cosas flotaran y estuvieran muchas personas reunidas. Lo que no entiendo es por qué antes no lo recordaba.

La psicóloga me miró detenidamente, profundo, sostuve su mirada. Habló del cambio de mi rostro. En solo horas sabía todo al respecto, los que se mofaban contaron como era yo, además las fotos del Centro Estudiantil hablaban. El cambio de mi rostro fue muy drástico.

Se abrió la puerta de la oficina donde estábamos, alguien que no vi la llamó con un gesto. Práxedes, me pidió la siguiera.

Nos unimos al grupo de empleados y estudiantes que se encontraban en el patio, donde habían acordonado el campo de golf detrás de nuestros edificios. Personas uniformadas rastreaban el lugar con aparatos nunca vistos por nosotros, cubriéndose el rostro. Los más jocosos del grupo comentaban que el hecho parecía una película. Otros como yo, estaban pensativos, aunque desconocían mis sueños.

De pronto más de veinte personas, se concentraron en un lugar formando un círculo de cincuenta o sesenta metros de diámetro.

Lo siguiente fue otra entrevista conmigo. Al parecer habían encontrado algo.

La Directora de la escuela, la psicóloga y un Sr. que hasta ahora no había visto, esperaban por mí, un policía custodiaba la entrada de la oficina y otro entró conmigo.

El Sr. desconocido pregunta sin rodeos, cómo y quién cambió mi rostro. Respondí la verdad: Betsaida, me puso una crema.

No le extrañó la respuesta y pidió el envase de la pomada utilizada; dijo amablemente ser químico y era necesario analizarlo.

-No lo tengo. Se lo quedó ella.

-¿Cuántas veces le puso la crema?

-Sólo anoche, después que me vio nuevamente llorar por lo feo de mi rostro.

Todos se miraron y Práxedes habló:

-¿Cómo era el frasco y qué color tenía?

Una vez más, la psicóloga acertaba con su pregunta. El frasco era extraño, nunca vi uno igual. Lo visualicé para contestar.

-Blanco, era blanco nácar, tubular y se abría… como se saca una espada de su vaina.

Y agregué:

-La crema era espesa y transparente.

-¿Vio en qué lugar la guardaba?

-No, ella me despertó, yo estaba medio soñolienta, untó la pomada y continué durmiendo.

Faltaba la Directora por hacerme preguntas y me explicó que necesitaba conocer si sabía algún dato personal de

Betsaida que pudiera esclarecer su identidad, los que tenían archivados habían resultados falsos. Tampoco existe familia, ni dirección particular donde afirmaba vivir.

En ese momento entró un policía, entregando al químico un sobre que abrió. Comenzó a leer y mirando a todos, en especial a mí, dijo:

-Se analizaron las dos huellas encontradas en la ventana de su habitación, Srta. Diana. Una por dentro en el marco, la otra por fuera.

Dejó de leer el informe, enrojeció.

Guardando la hoja de papel en el bolsillo de su pantalón tomó asiento, no se dio cuenta que la misma había caído al suelo. No le dije, sólo yo lo vi.

-Bien Diana, continuó la Directora, no sin antes mirar al químico por haber interrumpido la lectura abruptamente.

-¿Nos puede ayudar en algo?

-Poco. No estábamos en la misma aula, solo estudiamos juntas y a veces me explicaba fórmulas químicas, ya que ella conocía todo, de todas. Era muy reservada, no hablaba de su vida personal. Tenía el pasatiempo de mirar las estrellas, me invitaba algunas veces y daba explicaciones como si fuera astróloga.

La psicóloga y el químico me observaron por unos instantes y al unísono pronunciaron ¡Gracias! Salieron de la oficina, momento que aproveché para recoger el papel del piso.

Llegué a mi cuarto, cerré bien la puerta y leí el reporte del laboratorio con asombro. Quedé paralizada, decía que las huellas encontradas no eran humanas.

La mano tenía tres dedos, sin huellas dactilares y en la palma un triángulo con una pequeña estrella en el centro.

No tengo dudas, quien sea y donde quiera que esté, para mi era o es "el mejor ser conocido".

El Colibrí

"Lo que sabemos es una gota, lo que ignoramos es un inmenso océano".

Newton

Se miraron y salieron hacia el dormitorio de su hijo. Un grito los había despertado.

En la cama, Luis con los ojos abiertos y su figura proyectándose en la pared, daba una impresión fantasmal.

-Mi niño ¿Te asustaste? Dijo Gisela abrazándolo, porque ella lo estaba.

El padre le alcanzó un vaso con agua. El joven, bebió un sorbo recostando la cabeza en el hombro de su madre y muy bajo se le escuchaba:

-Colibrí, Colibrí...

-¿Colibrí? Pronunciaron intrigados.

-Ya se. Continuó ella:

-Tuviste pesadillas, es por alguna asignatura, has mencionado a un pájaro de nuestra tierra.

El jovencito dijo suavemente:

-Si. Mañana lo resolveré.

Su papá cerrando la ventana le decía que no durmiera con ella abierta, nunca había sucedido nada malo, pero valía ser precavido.

Mirando a su padre, pensó: "Yo no la abrí".

La madre de Luis, secretaria del director de una de las mejores clínicas de la ciudad, perturbada con lo acontecido, decidió consultar con el amigo de su jefe y psiquiatra del centro. Invitándola éste pasar a su consultorio.

-Gisela ¿En qué te puedo ayudar?

Narró a Gustavo todo lo ocurrido en su casa. Le preocupaba la mención del pájaro. Ella, no le había contado a su esposo que anteriormente su hijo la pronunciaba mientras dormía. El médico, consideraba prudente observarlo más, a esa edad podía acomplejarse o comenzar a rechazar la relación con sus padres. Y preguntó:

-¿De qué ave se trata?

-Del Colibrí.

-No lo conozco. Adujo.

-Es de mi tierra, Cuba, de pequeño tamaño que mide desde el pico a la cola cinco centímetros. Es una verdadera joya.

Se asombró Gustavo con esta información y despidiéndose, reiteró que no lo presionaran, aunque lo escuchen gritar, sólo atenderlo, debe ser él quien cuente si tiene pesadillas de esa índole. Y aconsejó, podrían llevarlo a un psicólogo.

Una noche, Gisela se levantó al sentir que algo vibraba. Fue hasta la ventana, vio luces como reflectores alejándose y las estrellas brillaban intensamente. También su hijo las miraba.

Por la mañana, durante el desayuno refirió lo ocurrido en la noche a su hijo y esposo, ambos lo tomaron como chiste y el primero no calló:

-Ahora sueñas tú. Y desviando la conversación, relataba las características del Colibrí o elfo de las abejas:

-Succiona néctar o miel y su nombre científico es Mellisuga Helenae. Investigaré, es curioso que siendo tan pequeño alcance 40 grados C. de temperatura durante el día y 19 grados C. por la noche, ahorrando energía.

Ella, se limitó a sonreír, asintiendo con la cabeza. No quería alertar a su esposo. Comprendió la suspicacia del aplicado estudiante, quien rapidísimo terminó el desayuno.

Cuando se marchaban para el trabajo, ella demoró en salir al ver la computadora encendida, alegando se le quedaba una carpeta que necesitaba su jefe. Intentaba averiguar qué trabajo de la escuela realizaba su hijo, quedó impresionada al encontrar fotos de naves espaciales. Anhelaba leer ¡Imposible! sonó el teléfono y su esposo la apremiaba, él iba camino a su oficina, ella llegaría tarde.

De nuevo en casa; sola, lograría leer el tema que no pudo en la mañana. Encontró notas en una hoja: "XII Congreso

Internacional de OVNI" y obtuvo información en la computadora del evento, celebrado en febrero del 2012 en Phoenix, Arizona. Abandonó la pesquisa, llegaba su esposo y más tarde lo hizo el joven.

La preocupación de madre la mantenía alerta, no lo podía evitar. En las siguientes noches despertaba sin motivo. Una madrugada percibió la vibración conocida. El cuarto de su hijo, despedía un brillo diferente por el resquicio de la puerta, la abrió en el momento que la luz escapaba. Él dormía plácidamente o así lo simulaba.

El domingo, Luis comunicó que saldría con sus amigos y sus padres decidieron hacer compras. Gisela se encontró con una enfermera de la clínica quien por saludo expresó:

-No sabía que tu hijo se trata con el doctor Gustavo.

Gisela, turbada contestó lo que se le ocurrió:

-No, es que nuestras familias son amigas y…

El esposo, no entendía y tomando a su mujer de la mano, dio por terminada la insulsa charla:

-Adiós, estamos apurados.

Fuera del alcance de la señora él quiso conocer a qué se referían. Ella explicó su conversación con el médico, tranquilizándolo. Sin embargo, ahora estaba alarmada, su hijo visitaba la clínica ¿Qué ignoraban?

Necesitaban airearse y llegaron al parque, donde acostumbraban asistir, sin imaginar que allí, Luis y Gustavo, sentados uno frente al otro parecía que hablaban sin articular palabra, como si telepáticamente se comunicaran.

Se mantuvieron cerca de ellos, observándolos, hasta que el médico rompió el gélido silencio diciéndole a Luis: Vamos.

Desconcertados se sentaron en el banco donde minutos antes estuvo su hijo, unieron el corazón y sus manos. Sintieron densa la atmósfera y los pájaros estaban alterados. Gisela, escuchando los trinos, recordó el "pájaro mosca".

Calmados regresaron a su casa y encontraron al muchacho como siempre en la computadora, la que apagó apresuradamente. Sin que le preguntaran contó haberse reunido con Gustavo para aclarar dudas sobre la carrera que estudiaría. Quedó claro para ellos que el joven había cambiado mucho en pocos días, su rostro no lucía igual. El padre intrigado inquirió.

-¿Por cuál carrera te decidiste?

-Astrología. Estoy seguro que trabajaré en la NASA.

Temprano, más de lo habitual, el muchacho se fue para la escuela dejando la puerta abierta y a sus padres preocupados. Gisela vio la computadora con un programa desconocido. En pantalla el psiquiatra con una vestimenta diferente y la mano alzada saludando, desde un lugar donde había trazos en el terreno. Uno de ellos semejante a un Colibrí gigante. Gisela, siguió buscando los datos ansiados: En Perú el Colibrí es uno de los dibujos de Nazca y en el año 2009 en el Congreso Internacional de OVNI, figuraba esta ave.

Comprobó que su hijo, tenía contacto con personas de conocimientos astrales elevados y Gustavo era uno de ellos. Le informaría al director.

Al llegar a su oficina quedó paralizada: Luis, platicaba con su jefe como un adulto y no se inmutó al verla, comentando:

-Me explica tu jefe que Gustavo viajó a Inglaterra, donde tiene un contrato muy bueno por más de un año.

Perpleja escuchó a su hijo, quien le aclaraba las anotaciones encontradas, donde se repetía la aparición de dibujos: "East Fiel", 14 de julio del 2009, Inglaterra.

El galeno jefe cerraba un cuaderno con premura. Ella, sólo alcanzó a ver figuras en campos de trigo, por supuesto un Colibrí y dijo:

-Creímos que estabas en la escuela.

-Mamá, con el doctor hoy saciaré mis inquietudes astrológicas.

Gisela los dejó solos. Intentaba asimilar el cúmulo de información recibida y éste último descubrimiento, su jefe también ocultaba algo. Desconcertada salió al parqueo, caminó un poco hasta sentirse relajada. Decidió comunicarse con su esposo, no tenía idea que le diría. Y al tomar él la llamada inusual a esa hora:

- Gisela ¡¿Le pasó algo a Luis?!

Ella, al oír el nombre del hijo se desahogó de golpe:

-Mi amor, no hay que indagar si existen seres en otros planetas, ellos están aquí.

www.ingramcontent.com/pod-product-compliance
Lightning Source LLC
Chambersburg PA
CBHW051254170626
46809CB00004B/1648